GOLDMANN
ESOTERIK

Buch

In der englischsprachigen Literatur die klassische Studie über die esoterischen Hintergründe der Ehe: Warum suchen wir uns einen bestimmten Partner? Wie kann die Ehe jenseits der körperlichen Liebe Erfüllung bringen? Was geschieht auf der spirituellen Ebene während des geschlechtlichen Verkehrs? Wie vereinigen sich Menschen zu einer wahren Seelenpartnerschaft? Welchen esoterischen Prinzipien sollten Abtreibung und Empfängnis folgen?

Autorin

Dion Fortune hat in über 60 Büchern die Geheimnisse der verborgenen Welt entschlüsselt und versucht, ihren Lesern Zugänge zu höheren Daseinsebenen zu eröffnen. Die Autorin gehörte dem legendären Orden der Goldenen Dämmerung an, der wichtigsten esoterischen Vereinigung des Londons der Jahrhundertwende, zu der viele bedeutende Politiker und Künstler der Zeit gehörten. 1922 verließ sie den Orden und gründete die Gesellschaft des Inneren Lichtes, in der sie eine besondere Form der Theosophie vertrat. Die Gesellschaft besteht noch heute und ist zu einem Institut für Esoterische Lehren geworden. Dion Fortune starb 1946 in London.

Dion
FORTUNE

Das karmische Band

Die esoterische Philosophie der Liebe und der Ehe

GOLDMANN VERLAG

Aus dem Englischen übertragen von Sabine Ivanovas
Titel der Originalausgabe:
»The Esoteric Philosophy of Love and Marriage«
Originalverlag: Thorsons Publishing Group Northants, UK

Der Goldmann Verlag
ist ein Unternehmen der Verlagsgruppe Bertelsmann

Made in Germany . 7/88 . 1. Auflage

Umschlaggestaltung: Design Team München
Satz: Uhl + Massopust, Aalen
Druck: Elsnerdruck, Berlin
Verlagsnummer: 11825
Redaktion: Ilse Fath-Engelhardt
Lektorat: Michael Görden
Herstellung: Sebastian Strohmaier
ISBN: 3-442-11825-5

Inhalt

Einleitung

Dieses Buch zur esoterischen Lehre über die Sexualität richtet sich hauptsächlich an jene, die keine okkulten Kenntnisse zu diesem Thema haben, aber unvoreingenommen nach Erkenntnissen suchen, die ihnen helfen könnten, die Probleme des Lebens zu lösen. Jenen möchte ich sagen, um die vorliegende Abhandlung zu erklären, daß jede Rasse ein traditionelles geheimes Wissen hat, das nie an die Öffentlichkeit kommt, sondern von Mund zu Mund und durch Handschriften an jene weitergegeben wird, die man für wert befindet, es zu erfahren. Diese Tradition reicht in ungebrochener Folge bis in die entfernteste Vergangenheit zurück, und die Linien der verschiedenen Traditionen laufen zusammen, indem sie sich ihrem Ursprung nähern.

Der erste Teil des Buches ist einem kurzen Umriß der esoterischen Lehren im allgemeinen gewidmet, damit die genauere Darstellung ihrer Lehren in bezug auf die Sexualität verständlich wird.

Dem Leser wird empfohlen, sich die hier dargelegten Grundideen anzueignen und dann zu versuchen, seine eigenen Erfahrungen und Beobachtungen über das Leben in der hier verwendeten Terminologie auszudrücken und zu sehen, inwieweit sie dadurch klarer werden. Er möge bedenken, daß, wenn diese Ideen wahr sind, sie sich auch durch heutige Geschehnisse auf eine Art auswirken werden. Er sollte dann nach Ereignissen Ausschau halten, die seine Erwartungen erfüllen oder, im Gegenteil, gerade nicht erfüllen. Auf diese Weise wird er so viel über die praktische Anwendung der esoterischen Lehren lernen, wie es jemandem möglich ist, der in keine Bruderschaften eingeweiht ist, die die Kenntnisse der Geheimwissenschaft besitzen.

Jene, die schon einiges Wissen auf esoterischem Gebiet haben, brauchen ebenfalls eine Erklärung, denn die bekanntesten Bücher zu dem hier behandelten Thema haben wiederholt die Gefahren aller Arten von Sexualmagie betont und sie in jeder ihrer Formen als entschieden schwarz und dem linken Pfad zugehörig bezeichnet. Dies, wie jeder wissen muß, der praktische Erfahrungen auf diesem Gebiet hat, ist völlig richtig, was bestimmte Aspekte und Anwendungen dieser großen Kraft in ihrer Leidenschaftlichkeit angeht; diese Aspekte werden im letzten Teil des Buches behandelt, um die Unvorsichtigen zu warnen und aufzufordern, den Gefahren aus dem Wege zu gehen.

Der westliche Okkultist weicht jedoch von der östlichen Tradition, wie sie bei uns üblicherweise ausgelegt wird, ab, indem er behauptet, daß die Sexualkräfte in ihren höheren Aspekten machtvolle Mittel der Erneuerung sind; diese Aspekte sind völlig von der körperlichen Funktion losgelöst und stammen aus dem Verstand und dem Geist. Mme. Blavatsky bezieht sich in *»Die Geheimlehre«*, ihrem Klassiker des Okkultismus, mit den folgenden Worten darauf (S. 449 von Band III):

> »Zum Zwecke der Erzielung alchimistischer Resultate, wie des Lebenselixiers und des Steins der Weisen ... war die *geistige* Hilfe des Weibes dem männlichen Alchimisten nötig. Aber wehe dem Alchimisten, der das in dem toten Buchstabensinn von *körperlicher* Vereinigung nehmen wollte. Eine solche Lästerung würde zur schwarzen Magie werden und sicheres Mißlingen zur Folge haben. Der wahre Alchimist des Altertums nahm *bejahrte* Frauen zu seiner Hilfe und vermied sorgfältig die jungen, und wenn etwelche von ihnen zufällig verheiratet waren, so behandelten sie ihre Frauen vor und nach ihren Operationen auf Monate als Schwestern.«

Obwohl die Lehren der östlichen und westlichen Geheimwissenschaften fast identisch sind, unterscheiden sich ihre Methoden im Umgang mit Eingeweihten bedeutend, da sie ja auch mit unterschiedlichen Strahlen und unter verschiedenen Meistern arbeiten. Diese Feststellung enthält keine Herabsetzung; alle Strahlen (im okkulten Sinne des Wortes) gehen aus der »göttlichen Sonne« hervor. Die östliche Tradition hat eine umfangreiche Literatur und ist zu einem großen ausladenden

Baum herangewachsen, der das Leben der Rassen, die unter ihm sind, beschattet und selbst von jenen geehrt wird, die am wenigsten davon verstehen. Die westliche Tradition hat durch Jahrhunderte der Verfolgung hindurch nahezu alle alten Dokumente verloren, doch sie besitzt immer noch die »Schlüssel zum Tor« und kann es öffnen für jene, die suchen.

Die östlichen und westlichen Schulen unterscheiden sich sehr in ihrer Haltung gegenüber jenen Kräften und Tatsachen des Lebens, die wir unter dem Namen Sexualität zusammenfassen. Für die östlichen Schulen ist die Frau ein untergeordnetes Wesen, in jeder Beziehung weniger hoch entwickelt; westliche Schulen betrachten sie hingegen als dem Mann überlegen, als Erweckerin und Wächterin des Ideals. Diese unterschiedlichen Haltungen spiegeln sich in den esoterischen Methoden der jeweiligen Traditionen wider. Der östliche Okkultist findet bei Frauen, die im Harem leben, selten einen Intellekt oder Geist, der ein angemessener Begleiter für seine erhabene und fordernde Arbeit ist, und in einer solchen Arbeit muß die Sexualität, wenn sie nicht in ihren höheren Aspekten angewandt werden kann, vollständig gemieden werden; daher hat die östliche Tradition keine Vorschriften für den esoterischen Beitrag der weiblichen Sexualität zum Leben des Volkes. Andererseits spielt in der westlichen Tradition die Frau eine wichtige Rolle, ebenso wie im sozialen und politischen Leben.

Was auch immer für Bedingungen unter Völkern

herrschen mögen, die ihre Frauen absondern, niemand kann sich erlauben, die Bedeutung der Sexualität für das höhere Leben der angelsächsischen Völker unbeachtet zu lassen. Viele östliche Meister haben in ihrem Umgang mit westlichen Schülern aus Unfähigkeit versäumt, die Bedeutung dieses Elements im Leben der Schüler richtig einzuschätzen. Es mag sein, daß sie ernste und erhabene Ziele und echte Weisheit mitzuteilen haben, doch haben sie nicht immer Verständnis für die westliche Natur. Wenn die höheren Zentren erweckt werden, neigen sie dazu, in jener Art zu funktionieren, die der westliche Strahl im westlichen Medium errichtet hat, und es entsteht Verwirrung, wenn der Strahl und das Medium nicht beide verstanden werden.

In einem Buch dieser Art kann man nicht allzuviel mitteilen, doch ohne Zweifel genug, um denjenigen, die Erfahrung haben, Hinweise zu geben. Der nervöse Zug, der bei jenen, die den Okkultismus studieren, so häufig ist, ist oft dem Versäumnis der medial Begabten zuzuschreiben, eine richtige Verteilung der Lebenskräfte auszubalancieren.

1. Die Ehe in der heutigen Zeit

Ein Statistiker behauptete vor einiger Zeit, daß in England 25% der verheirateten Paare ständig getrennt leben; 50% leben zusammen, ohne sich zu lieben und 25% sind glücklich. Das heißt, daß nur ein Viertel der Ehen in England die Zwecke erfüllt, für die sie eingegangen werden, und daß jemand, der heiratet, nur eine Chance von eins zu vier hat, glücklich zu werden. Niemand, der die familiären Bedingungen seiner Freunde und Nachbarn betrachtet, wird diese Zahlen für übertrieben pessimistisch halten. Man könnte sogar in Frage stellen, ob die Häufigkeit andauernder Liebe, die man in Ehen finden kann, wirklich 25% erreicht.

In den Vereinigten Staaten, dem Land, wo Scheidungen einfach sind, fand man heraus, daß die Anzahl der glücklichen Ehen sogar 50% erreichte. Deshalb scheint es, daß die Ehe nicht automatisch einen Zustand von Unglück oder Langeweile mit sich bringt, sondern daß dieser hauptsächlich auf eine falsche Partnerwahl zurückgeführt werden muß; zwei Menschen, die sich gegenseitig unglücklich gemacht haben, kann es dennoch gelingen (wie die Erfahrung zeigt) eine andere glückliche Partnerschaft aufzubauen, wenn ihre unglückliche Verbindung gelöst werden kann.

Es gibt zur Zeit mehrere vortreffliche Bücher im Handel, die einem wissenschaftlich nicht vorgebildeten Leser die Physiologie des Sexuallebens erklären. Diese Bücher haben eine große Bedeutung für die Verringerung von menschlichem Unglück, das aus Unwissenheit entsteht; doch sie lösen nicht das ganze Problem, sie vermögen uns nicht zu erklären, wieso zwei gut informierte, gesunde menschliche Wesen dennoch das Gefühl haben können, daß es ihnen nicht gelungen ist, die höheren Aspekte der Liebe zu verwirklichen, und daß sie so das Wesentlichste versäumen, was ihnen das Leben zu geben hat; sie vermögen uns auch nicht zu erklären, wieso zwei Menschen, jeder in den Kreisen, in denen er sich bewegt, hochgeschätzt, eine vernichtende Wirkung aufeinander haben können, ohne ein einziges unfreundliches Wort oder eine einzige egoistische Handlung, so daß Partnerschaft für sie zur Katastrophe wird.

Die intuitiven Gefühle der ganzen Menschheit zeigen, daß die Ehe eines der größten Güter des Lebens sein kann, doch diese Intuition sieht man selten gerechtfertigt; wenn es aber doch einmal vorkommt, ist das dabei erlangte Glück so groß und übt einen so erhebenden Einfluß auf seine direkte Umgebung aus, daß all das Eheunglück durch die Vollendung dieser einen Verbindung aufgewogen scheint.

Welche Richtung sollen wir also in bezug auf die

Institution Ehe in der zivilisierten Gesellschaft einschlagen? Sollten wir es den Griechen nachtun, die von ihren Frauen nichts verlangten, als daß sie ihnen Erben gebaren, während sie ihre Partner für Herz und Verstand unter freien, ungebundenen Frauen suchten, die wir als Kurtisanen betrachten würden? Oder sollten wir das Eheband lockern, indem wir die Scheidung erleichtern, wie es in Amerika gehandhabt wird? Oder sollten wir so weitermachen wie bisher und für eine einzige, unwiderrufliche Entscheidung alles aufs Spiel setzen?

Jeder dieser Entwürfe hat seine Nachteile. Durch das griechische System gebaren Frauen der höchsten Entwicklungsstufen selten Kinder für ihr Volk, denn Frauen mit promiskuitiven Gewohnheiten sind gewöhnlich steril. Und darüber hinaus bekamen die Mütter der Nation, gepriesen ausschließlich für ihre Fruchtbarkeit, nur wenig Bildung für Charakter oder Intellekt und waren daher für die Ausbildung ihrer Kinder aufgrund ihrer eigenen Unbildung nicht geeignet. Heute ist man sich im allgemeinen dahingehend einig, daß die Einflüsse der frühen Kindheit für die Entwicklung des Charakters von ungeheurer Bedeutung sind, und daß unwissende Frauen nicht ihre Natur überwinden und ihren Kindern geben können, was sie selbst nicht besitzen. Man sagt, daß die Unfähigkeit des türkischen Volkes, bei seinen regierenden Klassen einen hohen Standard nationalen Charakters zu entwickeln, durch die Zurückgebliebenheit ihrer in Harems lebenden Mütter hervorgerufen wird, während das bäuerliche Volk, das es sich nicht leisten kann, seine Frauen einzuschließen, einen wesentlich höher entwickelten Charakter hat.

Die amerikanische Methode der leichten Scheidung scheint das Problem auf den ersten Blick zu lösen, doch bevor sie nicht ein Jahrhundert lang geprüft ist, kann man nur eine vorläufige Meinung dazu äußern. Man sollte sich daran erinnern, daß die große Mehrheit des Mittelstands mit angelsächsischer Abstammung sich des Scheidungsrechtes nicht so einfach bedienen kann, es sind die Wohlhabenden und die Schwarzen, die den höchsten Prozentsatz an Scheidungen ausmachen.

Die Folgen des vereinfachten Scheidungsrechts unter den Wohlhabenden deuten in zwei Richtungen; zunächst scheint der Charakter der Betroffenen geschwächt zu sein, sie haben eine Tendenz, der Verantwortung auszuweichen und nichts ernst zu nehmen; die Tiefen des Lebens und der Liebe findet man in leicht zerbrochenen Partnerschaften nicht, und die Sinnlichkeit wird gefördert. Weiter haben die Kinder von geschiedenen Paaren kein richtiges Heim; Stiefmutter oder Stiefvater, wie bewußt sie sich auch bemühen möchten, können keinen ersetzen, für den das Kind vom eigenen Fleisch und Blut ist; und all diejenigen, die sich mit dem Problem der Entwicklung von Familien, in denen ein Elternteil fehlt, beschäftigt haben, wissen, daß nichts den Einfluß einer Mutter während der Kindheit noch eines Vaters während der Jugendzeit ersetzen kann, und daß ein Kind, das eines Elternteils beraubt ist, unter erschwerten Bedingungen ins Leben hinausgeht. Indem wir die besten

Voraussetzungen für eine Ehe abschätzen, dürfen wir die Rechte jener nicht vergessen, für deren Wohlergehen die Ehe ursprünglich eingerichtet wurde – die Kinder.

Das moderne englische System schließlich wird von der Statistik verdammt – es funktioniert nicht richtig. Der angelsächsische Ehestandard ist der höchste der Welt und auch am schwierigsten zu erlangen. Was wollen wir also tun? Sollen wir den Standard senken, oder sollen wir versuchen, die Gesetzmäßigkeiten zu entdecken, die in einer glücklichen Ehe wirksam werden und auf diese Weise die Bedingungen regulieren? Der amerikanische Zweig des Volkes hat den ersten Weg eingeschlagen, doch der ältere Zweig hängt verzweifelt an seinen Idealen.

In der Hoffnung, daß Wissen vielleicht die Bedingungen verbessern kann, bevor das verzweifelte Unglück verzweifelte Mittel hervorrufen kann, werden dem Leser die folgenden Seiten dargelegt. Sie sind auf den Lehren einer der westlichen esoterischen Schulen gegründet.

Der Leser wird gebeten, geduldig und ohne durch sein Unwissen voreingenommen zu sein, die Eigentümlichkeiten einer seltsamen Philosophie hinzunehmen und zu akzeptieren, welches Licht so auf seine eigenen Lebensprobleme geworfen wird.

2. Der Ursprung der Materie

Die esoterische Wissenschaft geht von der Existenz des »großen Unmanifesten« aus, das man sich als ein Meer grenzenloser, doch latenter Kraft vorstellen kann, das allen Dingen zugrunde liegt und aus dem alle Dinge ihre Substanz und ihr Leben beziehen. Diese Vorstellung entspricht der exoterischen Vorstellung von Gott.

Zweitens geht sie davon aus, daß dieser Ozean sich in einem gerichteten, doch begrenzten Strom ergießt; dies entspricht der exoterischen Vorstellung von Energie.

Drittens geht sie davon aus, daß diese jetzt manifestierte Energie an den Schnittpunkten von Richtung und Kraft Wirbel bildet, die, durch die gegensätzlich wirkenden Kräfte verursacht, zu einer stabilen Gestalt führen; diese Wirbel eingeschlossener Kräfte, die um ihr eigenes Zentrum kreisen, anstatt geradenwegs durch den Raum zu treiben, sind Einheiten der Stabilität, die, in ihren unterschiedlichen Verbindungen, die verschiedenen Arten der Materie bilden.

Die esoterische Wissenschaft kennt mehr Formen von Materie als sie der Physik oder der Chemie bekannt sind.

Sie unterscheidet zunächst die ursprünglichen Wirbel der Stabilität; sodann ihre Verbindung zu sieben einfachen Arten von Molekülen; drittens nimmt sie Verbindungen dieser Moleküle zu dichteren und komplexeren Strukturen an, und viertens weitere Kombinationen, deren Einheiten aus diesen relativ komplexen Strukturen gebildet werden. Im einzelnen unterscheidet sie das Ur-Atom der Manifestation, das sich aus dem großen Unmanifesten erhebt, und sieben Arten von Molekülen; diese großen Untergliederungen der Materie, die der esoterischen Wissenschaft bekannt sind, werden die sieben Ebenen der Manifestation genannt, von denen der Stoff, der unsere materielle Welt bildet und der als einziger dem exoterischen Wissenschaftler bekannt ist, den dichtesten und trägsten Bereich darstellt, der in der Zeit der Entwicklung auch zuletzt gebildet wurde. Daraus kann man ersehen, daß der esoterische Wissenschaftler für seine Studien ein manifestes Universum hat, das siebenmal so groß ist wie dasjenige, das ein exoterischer Wissenschaftler kennt.

Die Sieben Ebenen, die alle aus dem großen Unmanifesten als der ersten Ursache hervorgehen, werden als direkt kausal miteinander verbunden betrachtet; so läßt die Erste Ebene, die sich entwickelt, die Zweite entstehen und bestimmt ihre Manifestationen, die Zweite bewirkt das gleiche bei der Dritten und so weiter bis zur letzten Ebene der physischen Materie, die man die Ebene der Auswirkungen nennen könnte, auf der man die Ergebnisse der Vorgänge auf den höheren Ebenen beobachten kann und wo ihre Folgen schließlich greifbar werden. Daraus ist zu erkennen, daß der esoterische Wissenschaftler, der mit den Gesetzen einer der höheren Ebenen vertraut ist, die Bedingungen auf allen darunterliegenden Ebenen kontrollieren kann, jedoch seinerseits kontrolliert wird von jedem, der Herr einer der seinen übergeordneten Ebene ist. Die oberste Kontrolle wird als der inneren Natur der obersten Manifestation innewohnend betrachtet.

Es ist das Ziel jenes Zweiges der esoterischen Wissenschaft, der gewöhnlich Magie genannt wird, die Kontrolle über die Gegebenheiten einer Ebene zu erlangen, indem auf die Kräfte der direkt darüberliegenden Ebene eingewirkt wird, die ja als kausale Ebene für die darunterliegende wirkt. Als weiße Magie bezeichnet man jene Auswertung von Wissen, die bestrebt ist, das Dasein entsprechend der Richtung einer fortschreitenden Entwicklung zu harmonisieren und zu erheben und die, auch wenn sich ihre Bestrebungen auf einen bestimmten Punkt konzentrieren, nichts, was durch seine Natur in der Lage ist, ihn zu empfangen, von dem gewonnenen Nutzen ausschließt. Schwarze Magie könnte man definieren als jenen Gebrauch von höherem Wissen, der irgendeinen Ausschnitt des Seins zu einer Phase der Entwicklung zurückführt, die unterhalb der bereits erreichten liegt, oder der bestrebt ist, Nutzen aus irgendeinem Teil der Manifestation zu ziehen, der auf Kosten der anderen geht.

3. Der Ursprung des Menschen

Nachdem die esoterische Wissenschaft zunächst den ersten oder atomischen Strom von Kraft postuliert hat, dessen Einheit der Manifestation der ursprüngliche Wirbel oder das sogenannte Atom ist, das in seiner Entwicklung die materielle Substanz jeder Ebene der Manifestation bildet, nimmt sie als nächstes einen zweiten oder monadischen Strom an, dessen Manifestation die Monade oder der Funke des göttlichen Bewußtseins ist, die in ihrer Entwicklung zur menschlichen Seele und den Höhen der geistigen Größe führen, die jenseits davon liegen. Von dieser Monade oder diesem Funken des spirituellen Bewußtseins wird angenommen, daß er um sich herum einen Körper aus den Atomen jener Ebene bildet, die unter der Ebene liegt, in der er sich manifestiert hat; dieser Körper bildet sich auf den Linien der Kraft, die der spirituellen Monade innewohnen, genauso wie sich Teilchen einer kristallinen Substanz in Lösung entlang den Kraftlinien des entsprechenden Kristalls ausrichten; denn das beseelende Leben bestimmt die Gestaltung des Körpers.

Jede Ebene ist, verhältnismäßig gesehen, eine Ebene der frei fließenden Lebensenergie im Vergleich zur relativen Dichte der darunterliegenden Ebene, aus der sie ein Gefäß bildet, um ihre Energien zu begrenzen, so daß sie bestimmten Zielen zugeführt werden können. So gestaltet sich auch die Monade als absolutes Leben ein Gefäß, einen Körper auf der Ebene, die unter derjenigen ihrer eigenen Substanz liegt; dieser Körper jedoch, obwohl materiell im Vergleich zur Dichte des ihn beseelenden Lebens, ist nichtmateriell im Vergleich zur darunterliegenden Ebene, und die neugeformte Einheit aus zwei Materien kann sich einen weiteren und noch klarer bestimmten Körper der Manifestation auf der nächsttieferen Ebene bilden; so setzt sich das Bilden von Gefäßen fort, indem jedes dem Ausdruck seines innewohnenden Lebens größere Bestimmtheit gibt, und wo jedes, metaphorisch gesprochen, sich in konzentrischen Lagen des Wachstums um den Kern der spirituellen Monade legt, bis sich die endgültige Form auf der materiellen Ebene entwickelt, der physische Körper, so wie wir ihn kennen.

Ein menschliches Wesen wird daher von der esoterischen Wissenschaft als siebenfältiges Geschöpf betrachtet, nicht nur als Dualität von Körper und Geist; er hat nach dieser Ansicht ein Gefäß, bestehend aus der Materie von jeder Ebene der Manifestation, den Gesetzmäßigkeiten und Gegebenheiten der jeweiligen Ebenen entsprechend und in der Lage, auf dieser Ebene zu funktionieren und nirgendwo sonst. Jedes Gefäß ist aufgebaut und kontrolliert vom Gefäß der gegenüberliegenden Ebene, und der Kern des Ganzen, die Monade, erhält seine Substanz aus dem Unmanifesten wie von einem unendlichen Speicher mit ständigem Druck.

4. Die Entwicklung des Menschen

Wir haben erfahren, daß die Monade ihre Körper aus der Materie bildet, die auf den untereinanderfolgenden Ebenen im Laufe des Stroms entwickelt wird; wir werden als nächstes sehen, wie sie lernt, diese Körper zu gebrauchen. Am Beginn ihrer Entwicklung wächst sie durch Zunahme, wie es im Mineralreich der Fall ist, und erhält so Körper auf Körper, bis die letzte Ebene erreicht ist, dann hat sie eine siebenfältige Gestalt; von da an kommen keine neuen Körper mehr dazu, sondern die Monade gestaltet sich Körper für Körper komplexer, wobei sie mit der Organisation des zuletzt entwickelten, des physischen Körpers, beginnt; daher wird dieser zur Vollendung gebracht, während die feineren Körper noch unentwickelter sind, reine Möglichkeiten.

Die Monade ist, wie wir gesehen haben, ein Funke des göttlichen Bewußtseins, empfindsam für die Gegebenheiten auf ihrer Ebene der Manifestation; sobald sie ein Gefäß von Materie auf der Ebene unter ihrer eigenen um sich gebildet hat, verhüllt sie das Bewußtsein ihrer Ebene und senkt es auf die Ebene ihres Gefäßes; so bewegt sie sich durch die Ebenen hinab, bis der physische Körper entwickelt wird. In ihm hat die verborgene Monade nur das direkte Bewußtsein einer Ebene; dies war zunächst undeutlich in der primitiven Organisation des frühesten Zyklus der Evolution, und gewann dann wachsende Klarheit durch die Entwicklung der Sinnesorgane bis hin zu den wunderbaren Fähigkeiten der menschlichen Augen und Ohren.

Als nächstes sehen wir, wie sich ein weiterer, noch wunderbarerer Sinn entwickelt, vereinzelt, doch bei einer ständig steigenden Anzahl von Personen. Es gibt Leute, denen Feinheiten zugänglich sind, die sich den fünf körperlichen Sinnen entziehen; sie sind empfindsam für die Gefühlszustände ihrer Mitmenschen, manchmal können sie sogar deren Gedanken lesen. Das bedeutet, daß die Entwicklung im Begriffe steht, die Gestaltung des nächsten zu entwickelnden Körpers vorzunehmen, und daß dessen Sinnesorgane die seiner Ebene zugehörigen Gegebenheiten zu erkennen beginnen. In dieser Weise wird die Entwicklung weiter Körper für Körper ausbilden und in Funktion setzen, bis alle sieben Körper organisiert und miteinander verbunden sind und die Monade völligen Ausdruck findet.

5. Die Sieben Ebenen des Daseins

Die Ebenen der Manifestation werden gewöhnlich durch Nummern gekennzeichnet, doch sie sind nicht von oben nach unten numeriert in der Reihenfolge, in der sie sich manifestieren und in welcher Ordnung sie, der Klarheit halber, dem Leser dargestellt worden sind, sondern von unten nach oben in der Reihenfolge, in der sie dem Esoteriker, der Klarsichtigkeit entwickelt, erkennbar werden; diese Nomenklatur wird, da sie durch den allgemeinen Gebrauch zustande gekommen ist, hier angewendet, so daß diejenigen, die mit dem Thema schon vertraut sind, nicht verwirrt werden.

DIE SIEBTE EBENE, auch bekannt als die obere spirituelle Ebene, als Ebene des reinen Geistes oder Ebene des abstrakten Geistes, ist die erste Phase der Manifestation; sie gewinnt ihre Substanz und Energie direkt aus dem großen Unmanifesten, welches (hier beschrieben mit der bildlichen Methode, der einzigen, durch die esoterische Wissenschaft gelehrt werden kann) man sich als direkt über der Siebten Ebene liegend vorstellen kann, ein Speicher der unendlichen, potentiellen Energie, die man, wenn sie wirksam wird, als auf der Siebten Ebene befindlich ansieht. Auf dieser Ebene gibt es nicht die geringste Differenzierung, sie ist die Ebene, auf der »Alle Eins sind und Eins Alles ist«. Sie hat nur zwei Charakteristika, das erste ist absolute Harmonie, und das zweite ist eine Neigung der einzelnen Partikel, sich miteinander zu verbinden. Auf dieser Ebene wird, am Beginn einer Entwicklung, die monadische Essenz manifest, von der man sagen könnte, daß sie jene zahllosen Kerne des Lebens schwebend enthält, jene Monaden, die sich schließlich zu einzelnen menschlichen Lebewesen entwickeln.

DIE SECHSTE EBENE, untere spirituelle Ebene oder Ebene des konkreten Geistes. Im Laufe der Zeitalter der kosmischen Zeit bringt die Entwicklung die Gestaltung der monadischen Essenz zur Phase der Sechsten Ebene. Auf dieser Ebene teilt sie sich in sieben verschiedene Richtungen, sieben Ströme der Äußerung, die man die Sieben Strahlen nennt und die durch Farben bezeichnet werden; man geht davon aus, daß die Monaden, die man als in jedem dieser Ströme spiritueller Richtung fließend betrachten kann, sich durch unterschiedliche Arten von Aktivität zu ihrer schließlichen Vollendung entwickeln. Diese Aufteilung bedeutet keine einseitige Entwicklung, sie bedeutet nur, daß, obwohl alle Elemente vertreten sein müssen, eines vorherrscht und den Grundton angibt. Das wesentlichste Merkmal der Sechsten Ebene ist die Richtung.

DIE FÜNFTE EBENE, die obere mentale Ebene oder Ebene

des abstrakten Denkens, sorgt für die Entwicklung von Qualitäten in der monadischen Essenz und ihre Differenzierung in Typen. Von diesem Punkt an wäre es nicht mehr gerechtfertigt, von monadischer Essenz zu sprechen, denn auf dieser Ebene beginnen die Lebens-Kerne zu funktionieren, und das Leben als Ganzes wird zu einzelnen Lebewesen.

DIE VIERTE EBENE, die untere mentale Ebene oder Ebene des konkreten Denkens, wird durch die Endlichkeit gekennzeichnet, die, indem sie begrenzt, eine Bestimmtheit verleiht, die auf den oberen Ebenen fehlt; es ist die Ebene des konkreten Gedankens, ihr Merkmal ist das Gedächtnis.

DIE DRITTE EBENE oder obere Astralebene ist die Ebene der Gefühle und wird gekennzeichnet durch die Reaktion auf Reize, den Wunsch nach Vereinigung.

DIE ZWEITE EBENE, untere Astralebene oder psychische Ebene, ist die Ebene der Instinkte und Leidenschaften und wird gekennzeichnet durch den Wunsch, Anziehung auszuüben oder zu besitzen.

DIE ERSTE ODER PHYSISCHE EBENE ist die materielle Welt, wie Menschen sie erkennen, die in Körpern aus Fleisch und Blut leben.

6. Der Siebenfache Mensch

Aus den vorangegangenen Erläuterungen wird klar, daß der Mensch aus Substanzen zusammengesetzt ist, die von jeder der sieben Ebenen des Seins stammen; durch diese Elemente in seiner Natur hat er Kontakt zu den sieben Ebenen, und wenn er von irgendeiner dieser Ebenen kein Element besäße, könnte er die Funktionen nicht ausführen, die zu dieser Ebene gehören. Das bedeutet, daß, wenn einem Menschen die Substanz von der Dritten Ebene fehlen würde, er keine zarten Gefühlsregungen besäße und er gleichermaßen unfähig wäre, sie selbst zu empfinden oder bei anderen zu verstehen.

Jede der Substanzen, die zu den sieben Ebenen gehören, ist nach den ihrer Ebene entsprechenden Gesetzmäßigkeiten aufgebaut und wird in der esoterischen Literatur als »Körper« bezeichnet; doch der Ausdruck »Bewußtseinszustand« vermittelt einen genaueren Eindruck von der esoterischen Bedeutung dieses Begriffes. Der Leser möge, um die eigentliche Bedeutung dieser esoterischen Lehre zu begreifen, sich klarmachen, daß er zusätzlich zu seinem physischen Körper, der aus der

Materie der Ersten Ebene besteht und deren Gegebenheiten angepaßt ist, ein organisiertes System von Instinkten und daraus erwachsenden Leidenschaften besitzt. Er möge sich auch klarmachen, daß er durch die einfühlende Anregung seiner eigenen Leidenschaften (ein verbreitetes Phänomen) in der Lage ist, die Leidenschaften von anderen wahrzunehmen; dann möge er diesen Aspekt seiner Natur psychischen oder leidenschaftlichen Körper nennen und sich vorstellen, daß er auf der Zweiten oder unteren Astralebene wirkt.

Dann möge er sich die Natur seiner Gefühle als gleichermaßen aufgebaut und bezogen auf ihre eigene Daseinsebene vorstellen; ebenso seine vernunftbedingten Fähigkeiten und die Kraft zum abstrakten Denken; schließlich auch seine seelische Natur und jenen elementaren Funken von göttlichem Leben, der den Kern bildet, um den herum sein individuelles Leben aufgebaut ist.

So wird man begreifen, daß der Mensch in seiner Natur wirklich sieben verschiedene Aspekte hat, und daß jeder dieser Aspekte von der esoterischen Wissenschaft als ein Körper bezeichnet wird.

Man nimmt an, daß die Monade im Laufe ihrer Entwicklung die Materie jeder Ebene selbst um sich versammelt, jedoch sind lange Zeitalter von Erfahrung und Entwicklung notwendig, bevor sich die entsprechenden Mengen von Materie zu bestimmten Körpern gestaltet haben, die fähig sind, sowohl subjektiv als auch objektiv zu funktionieren; in anderen Worten: Es vergehen Zeitalter, bevor die in der Gestaltung befindlichen Körper ausreichend entwickelt sind, um die Funktionen ihrer jeweiligen Daseinsform weiterzutragen, und sich auch der äußeren Bedingungen auf den Ebenen ihrer Manifestation bewußt zu werden.

Der physische Körper tut zwei Dinge mit direktem Bewußtsein: Er funktioniert und ist sich auch seiner Umgebung bewußt, doch beim Durchschnittsmenschen ist dies der einzige Körper, der schon seine zweifache Entwicklung erreicht hat; in ihm sind jedoch die zweite, dritte und bei zivilisierten Völkern sehr oft auch die Vierte Ebene ausreichend entwickelt, um subjektiv funktionieren zu können; doch es kommt nicht oft vor, daß ein Körper auch auf der Fünften Ebene entwickelt ist, und die Kraft des abstrakten Denkens in sich trägt; noch seltener findet sich eine wirklich entwickelte spirituelle Natur, die deutlich von den emotionellen Idealen unterschieden ist, welche der Dritten Ebene angehören, und die oft irrtümlich für wahre Spiritualität gehalten werden.

Bei einem höher entwickelten Typ von Menschen kann es jedoch möglich sein, daß sich einer oder mehrere der höheren Körper ausbilden, die den Menschen befähigen, seine Umgebung durch direktes Bewußtsein wahrzunehmen, im Gegensatz zu den unterbewußten Eindrücken, die beim unentwickelten Menschen stattfinden. Anstatt nur unterbewußt von den Gefühlszuständen seiner Mitmenschen beeinflußt zu sein, »ohne zu wissen, was mit ihnen los ist«, wie es gewöhnlich der Fall ist, ist sich der entwickelte Mensch voll der Gefühle seiner Mitmenschen bewußt. Die Evolution entwickelt ständig die höheren Körper weiter, wie die Tatsache beweist, daß das, was man Psychismus nennt, in seinen unbedeutenderen Manifestationen immer häufiger vorkommt.

Es ist eine wenig verstandene Tatsache in bezug auf die menschliche Natur, daß, obwohl eine Synthese aller Stadien des Bewußtseins die höchste Form des Daseins ist, es möglich ist, durch Konzentration auf einen bestimmten Bewußtseinszustand die Aufmerksamkeit auf diesen Zustand allein zu begrenzen und auf diese Art die zugehörige Ebene der Manifestation als eigene Welt wahrzunehmen. Wenn ein Mensch das tut, sagt man, er sei »mit seinem Astralkörper auf der Dritten Ebene« oder in seinem konkreten Denken auf der Vierten; und während er so beschäftigt ist, befindet sich der physische Körper, entsprechend der Loslösung des Bewußtseins von seinem Nervensystem, in einem Zustand der Trance.

Diejenigen, die das notwendige Wissen haben, können sich absichtlich in Trance begeben, um eine Bewußtseinserweiterung auf Ebenen zu erfahren, die sie ansonsten in dem Zustand der Entwicklung, in dem sie sich befinden, nicht erreichen könnten; doch wird kaum erkannt, bis zu welchem Ausmaß diese Ausdehnung des Bewußtseins bei Menschen, die sich ein wenig über den Durchschnitt hinaus entwickelt haben, unfreiwillig im Schlaf stattfindet. Das wahre Ziel der Evolution ist es jedoch, nicht das Bewußtsein abzugrenzen, sondern es mit dem Körper in Übereinstimmung zu bringen; und die Methode, durch Trance das physische Bewußtsein zu überwinden, ist nur ein vorübergehendes Hilfsmittel.

7. Der esoterische Begriff von Leben und Tod

Die esoterische Wissenschaft versichert, daß das Leben ewig ist. Ihre zentrale Lehre wird mit dem Wort Reinkarnation ausgedrückt, das bedeutet, es gibt eine andauernde Einheit des Daseins, die immer wieder vergängliche Körper beseelt. Um diese Lehre zu erklären, muß festgestellt werden, daß die Individualität und die Persönlichkeit zwei verschiedene Aspekte des Menschen darstellen. Die Individualität ist aus den drei höchsten Körpern zusammengesetzt, dem Funken des reinen Geistes auf der Siebten Ebene, der konkretisierten spirituellen Natur auf der Sechsten Ebene und dem abstrakten Verstand auf der Fünften Ebene; von diesen sagt man, daß sie, wenn sie sich einmal entwickelt haben, eine Evolution lang andauern und dann wieder als geformte Zentren von Strahlung ins Unendliche aufgenommen werden. Die vier niederen Körper – das konkrete Denken, die emotionelle Natur, die leidenschaftliche Natur und der physische Körper – werden als vorübergehende Ansammlung der Materie ihrer jeweiligen Ebenen angesehen, die die Individualität als Gefäß verwendet; diese

Körper machen dann, so sagt man, zusammen die Persönlichkeit aus.

Die Persönlichkeit wird gebildet, um die Individualität, die formlos ist, in die Lage zu versetzen, Erfahrungen in der Welt der Form zu machen; sie wird abgelegt, wenn sie sich abnutzt und ihre Brauchbarkeit sich verringert, und die Erfahrungen, die sie gemacht hat, werden von der Individualität aufgenommen als Nahrung für ihre weitere Entwicklung. So ist es also die Individualität, die sich im Laufe der Zeitalter der Evolution aussetzt, während die vielen zu ihr gehörigen Persönlichkeiten sich nur entwickeln, handeln, altern und sterben; doch da jede Persönlichkeit von einer Individualität aufgebaut wird, die sich weiterentwickelt hat, ist auch sie höher entwickelt als ihr Vorgänger.

Man sagt daher, daß die Individualität die Einheit der Evolution ist und die Persönlichkeit die Einheit der Inkarnation.

Aus der Lehre der Reinkarnation entsteht die esoterische Theorie des Schicksals. Der Begriff Schicksal, das sei hier erwähnt, ist gleichbedeutend mit dem Begriff Karma, der in den östlichen Lehren gebraucht wird.

Das Schicksal eines Menschen, so sagt man, repräsentiere die Gesamtsumme der Dinge, die er in vergangenen Leben bewirkt hat und die die Gegebenheiten der Gegenwart bestimmen; doch es werden auch durch die verändernde Kraft des Willens ständig neue Dinge eingebracht, daher ist das Schicksal nicht so unausweichlich, wie es die esoterische Welt glaubt, sondern es ist eher ein begleitender als ein bestimmender Einfluß. Es ist wahr, manche Ereignisse, die in der Vergangenheit begonnen haben, können so stark sein, daß keine Anstrengung des Willens ihren Lauf aufhalten könnte, sie müssen sich abspielen, bis ihre Kraft verbraucht ist; doch der Mensch kann durch seinen Willen seine Reaktion auf diese Ereignisse bestimmen, ob er von ihnen zerstört oder geläutert und ob er durch die richtig genutzte Gelegenheit erhoben oder durch ihren Mißbrauch erniedrigt wird. Die esoterische Wissenschaft lehrt daher, daß der Mensch, obwohl er seine Probleme in jedem Leben, das ihm gegeben wird, und mit den begrenzten Möglichkeiten dieser kurzen Zeit unter den Bedingungen lösen muß, in denen er sich gerade befindet, er doch keinen freien Willen hat, obwohl er seine Angelegenheiten für die Zukunft so regeln kann, daß er damit aus sich macht, was er selbst wünscht.

8. Evolution und Initiation

Es wird noch deutlich werden, daß die esoterische Wissenschaft vom Menschen annimmt, daß er sich als Entwicklung aus dem Vormenschen bis zu den Bewußtseinsstadien des geistigen, des erweckten und des erleuchteten Menschen entwickelt. Die großen Gezeiten der Evolution werden sogar den Niedersten im Laufe der Zeit zu den Höhen des Geistes bringen, doch es muß nochmals die gleiche große Zeitspanne vergehen, bis dieser Prozeß abgeschlossen ist, wie sie auch notwendig war, um den Menschen zu seinem gegenwärtigen Entwicklungsstadium zu bringen. Es gibt jedoch eine Methode, die Entwicklung zu beschleunigen, die als Initiation bekannt ist; hier kann der Mensch durch bewußten Einsatz von Vernunft und Willen in kurzer Zeit erreichen, was die Evolution langsam für alles Seiende bewirkt.

Man geht davon aus, daß das Leben nicht auf einmal aus dem großen Unmanifesten hervorgegangen ist, sondern mehr in einem Strom oder einer Folge, so daß, obwohl alle den gleichen Weg haben, manche den anderen voraus sind, und daher hochentwickelte Stadien des Bewußtseins erreichen, während ihre Brüder entweder noch auf die Manifestation warten oder sich auf unteren Stufen der Evolution befinden. Diese »älteren Brüder«, seien sie noch fleischlich verkörpert oder schon jenseits des Stadiums, wo ein physischer Körper notwendig ist, können, wenn sie von der gleichen Menschenliebe getrieben werden, wie sie uns auf der physischen Ebene für die Schwachen und Unwissenden sorgen läßt, jenen Lehren und Hilfe geben, die ihrer wert sind und denen solche Unterstützung zuträglich ist.

Viele solcher Personen sind schon von den »älteren Brüdern« ausgebildet worden, und diese Schüler bilden die Vorhut der Evolution. Sie können wiederum andere ausbilden, so daß man die Evolution mit einer Schar von Wildenten vergleichen könnte, in der die stärksten den ungeheuren Luftdruck an der Spitze der Formation übernehmen und die schwächeren dahinter angeordnet sind.

Wenn die moralische, intellektuelle und spirituelle Natur eines Menschen gut entwickelt ist, oder, um die esoterische Terminologie zu verwenden, wenn seine feinstofflicheren Körper gestaltet werden, kann er von den »älteren Brüdern« zur besonderen Ausbildung ausgewählt werden. Die Lehren werden seinem Unterbewußtsein zuerst telepathisch vermittelt, und, wenn er dann weit genug auf seinem Weg fortgeschritten ist, wird er mit Schülern der »älteren Brüder« auf der physischen Ebene in Verbindung gebracht, die ihn lehren und ausbilden werden mit den normalen Mitteln dieser Ebene – dem gesprochenen und geschriebenen Wort. Dann, wenn er weitere Fortschritte gemacht hat, verbinden die »älteren« und »jüngeren« Brüder in einer Handlung, die als Initiation bekannt ist, gemeinsam das Unterbewußtsein mit dem Bewußtsein.

Der Leser wird an dieser Stelle fragen, wie man in jenen Kontakt mit den Meistern treten kann. Dazu kann man wenig sagen, denn es handelt sich um einen Vorgang der inneren Erfahrung. Es genügt, festzustellen, daß der Wunsch dazu, wenn er stark genug ist und lange genug beibehalten wird, den Schleier durchdringen und den erwünschten Kontakt herstellen wird. Danach öffnet sich der Weg in dem Maße, in dem der Schüler fortschreitet.

9. Der esoterische Begriff von Sexualität

Um den Sexualitätsbegriff der esoterischen Philosophen zu verstehen, müssen wir uns daran erinnern, daß die ihm bekannte Welt siebenmal so komplex ist wie diejenige, die der exoterische Philosoph kennt, denn für den Esoteriker ist die physische Welt nur eine von sieben Ebenen der Manifestation; die physischen Erscheinungen, die wir als Sexualität kennen, stellen nur einen Aspekt einer Kraft dar, die auf allen sieben Ebenen wirkt.

Sogar die exoterische Wissenschaft beginnt zu erkennen, daß die Sexualität ebenso einen emotionellen wie einen physischen Aspekt hat. Die esoterische Wissenschaft erklärt, daß sie außer den üblicherweise bekannten auch noch geistige und seelische Aspekte besitzt; sie erklärt auch, daß sich die Sexualität auf jeder Ebene anders äußert, während sie entsprechend der Gesetzmäßigkeiten der jeweiligen Ebene wirkt, denn alle Elemente der Sexualität auf den sieben Ebenen, im richtigen Verhältnis gemischt, sind wesentlich für die höchste Art von Sexualleben. Außerdem entstehen die Sexualkräfte auf den höheren Ebenen und werden von ihnen kontrolliert. Nur indem wir die Manifestationen der Sexualität und die Gesetzmäßigkeiten, die sie auf den verschiedenen Ebenen bestimmen, verstehen, können wir hoffen, auch ihre Wirkungsweise in uns und in der Gesellschaft zu verstehen.

Der Esoteriker verwendet den Begriff »Sexualität« nicht wie wir; er spricht von »Lebenskraft«, die er als Energie elektrisch-hydraulischer Art versteht, als eine strahlende und magnetisierende Vibrationsbewegung ähnlich der Elektrizität, der sie nahe verwandt ist, die aber auch in der Lage ist, sich zu verdichten und wie die Wasserkraft Druck auszuüben.

Der Esoteriker geht davon aus, daß diese Kraft aus dem großen Urgrund hervorstrahlt, und daher hält er ihre Natur für göttlich. Sie äußert sich durch die Gefäße, die die Monaden auf den verschiedenen Ebenen aufgebaut haben, und ist deshalb durch die Eigenart der Ebenen, auf denen sie wirkt, bestimmt, aber auch begrenzt durch die Besonderheiten und Unvollständigkeiten jedes einzelnen Gefäßes; das bedeutet, daß, obwohl die Lebenskraft sich vielen Veränderungen unterziehen und sogar für Dinge gebraucht werden kann, die weit von ihrem ursprünglichen Impuls entfernt liegen, sie doch göttlichen Ursprungs und göttlicher Natur ist und als heilig verehrt werden muß. Das Individuum, durch das sie sich äußert, sollte sie als heiliges Gut betrachten, das es unter der Anleitung des göttlichen Lebens selbst verwalten muß, zusammen mit der Gemeinschaft, zu der es gehört und deren Nutznießer es ist.

Die Lebenskraft erhält alles in der Existenz, das ist, und bewahrt lebende Wesensarten vor den zerstörenden Kräften, die beständig darauf abzielen, alle spezialisierten Substanzen auf ihren gemeinsamen Ursprung zu reduzieren; dies ist die erste Aufgabe der Lebenskraft – die Manifestation dessen zu bewahren, das eine Form erreicht hat, und es auf dem Stand zu halten, zu dem es sich entwickelt hat. Wenn sie so wirkt, nennt man sie das erhaltende Leben und betrachtet dieses als Einheit. Die Lebenskraft hat jedoch noch eine zweite Aufgabe in der Schöpfung neuer Lebewesen, und zu diesem Zweck muß sie innerhalb der Polarität als Dualität wirken, mit einem positiven und einem negativen Aspekt, und auf diesen Zustand der Lebensenergie bezieht sich unser Begriff von Sexualität.

Zur Erhaltung des Lebens ist eine Kraft ausreichend, doch für jede Form von Schöpfung sind zwei Kräfte nötig, von denen die eine ein gegenwärtig wirksames und die andere ein unwirksames Potential sein muß; das heißt, die erste Kraft soll bewegt sein und die zweite ruhend in die Gestalt eingeschlossen, die dann durch den dynamischen Reiz der ersten freigesetzt wird.

Wir haben also bei diesen beiden Kräften eine, die sich zu verausgaben und so ein Stadium des Gleichgewichts zu erlangen sucht und eine andere, die unwirksam, potentiell ist und auf eine treibende Kraft wartet. Die letztere oder weibliche Kraft könnte man mit einer Ladung Dynamit vergleichen, in deren Teilchen chemische Energie gelagert ist – latent; die erstere oder männliche Kraft könnte man mit einem Stromstoß oder Hammerschlag vergleichen, der die latente Energie freisetzt.

Diese beiden Kräfte werden vom Esoteriker als positiv und negativ, männlich und weiblich bezeichnet – die positive oder männliche Kraft ist die Anregung, und die negative oder weibliche Kraft verrichtet, mit Hilfe latenter Energie, die eigentliche Schöpfungsarbeit unter dem Einfluß der männlichen Anregung, und wird sofort außer Kraft gesetzt, wenn ihr der Impuls dieser Anregung entzogen wird. Wo immer eine solche Aktion oder Reaktion stattfindet, betrachtet der Esoteriker sie als Ausdruck der Anwesenheit von Sexualität, sei es im Mineralreich oder in der Welt des Geistes.

10. Der esoterische Begriff von »männlich« und »weiblich«

Einer, der es wußte, hat gesagt, daß es im himmlischen Reich keine Eheschließung oder Verheiratung gibt; dies wird irrtümlich dahingehend verstanden, daß der spirituelle Mensch geschlechtslos ist. Die esoterische Wissenschaft sieht ihn jedoch nicht als geschlechtslos an, sondern versteht ihn im Gegenteil als zweigeschlechtlich und daher in sich vollendet. Die Individualität hat zwei Seiten, eine positive und eine negative, sie hat einen kinetischen und einen statischen Aspekt und ist daher männlich-weiblich oder weiblich-männlich, entsprechend dem Verhältnis von »Kraft« und »Gestalt« in ihrer Zusammensetzung. Die Persönlichkeit allerdings ist einseitig und hat daher ein bestimmtes Geschlecht. Die Individualität kann man sich als Magnet vorstellen, der einen positiven und einen negativen Pol hat, von denen nur einer in die feste Materie hinabreicht, und die Natur des hinabreichenden Pols bestimmt das Geschlecht des Körpers, der ihn umgibt.

Die Individualität, deren Leben eine Evolution ist, hat in ihrer Natur beide Aspekte; doch die Persönlichkeit, deren Leben eine Inkarnation ist, hat nur einen Aspekt, der sich auswirkt, der andere ist latent oder unentwikkelt. Dies wird bei den Bienen klar erkennbar, wo die Nahrung bestimmt, welches Geschlecht ausgeprägt wird oder nicht, aber auch im menschlichen Körper, bei dem die charakteristischen Organe des anderen Geschlechts in rudimentärer Form immer gegenwärtig sind, und sich sogar, bei manchen Arten der Abnormalität, beträchtlich entwickeln, wenn nicht sogar funktionieren können.

Während das Geschlecht auf der physischen Ebene genau durch die *strukturelle Form* bestimmt ist, hängt es auf den höheren Ebenen von der *relativen Kraft* ab, die sich ständig verändert, so daß zwei Menschen, die auf der physischen Ebene männlich und weiblich sind, vielleicht auf den höheren Ebenen in ihrem Verhältnis ständig die Polarität wechseln. Das heißt, wenn sie es mit einer Sache zu tun haben, in der der Mann vorherrscht, wird er führen und sie folgen, doch sollten sich die Bedingungen ändern und das Paar sich in einem Bereich bewegen, in dem sie vorherrscht, wird die Polarität wechseln, und die Frau wird die Herrschaft übernehmen: man bedenke die übermäßige Sanftmut bei einem Mann, der ein Baby auf dem Arm hat. Derjenige, der am tiefsten fühlt, wird auf der Ebene der Emotionen weiblich sein, und derjenige, der das größte Wissen hat, wird auf der Ebene des Geistes männlich sein, unabhängig von dem Körper, in dem jeder inkarniert ist. Da jedoch der männliche Körper besser für den Ausdruck einer positiven Kraft geeignet ist, wird der Mann im allgemeinen auf den feineren wie auf den dichteren Ebenen männlich sein; doch wenn eine beträchtliche Ungleichheit der Kraft besteht, mag die Frau vielleicht auf den höheren Ebenen verhältnismäßig männlich sein im Vergleich zu ihrem Partner. Man darf nie vergessen, daß Männlichkeit und Weiblichkeit auf den höheren Ebenen immer relativ sind; und so wie sich die physische Energie der Individuen eines Paares verschiebt, so verschiebt sich das relative Geschlecht mit ihr; ein Mann kann in seinem Verhältnis zu einer Frau rein männlich sein und rein weiblich oder negativ in seinem Verhältnis zu einer anderen. Die Form bestimmt das Geschlecht des Individuums auf der physischen Ebene, doch *relative Kraft* bestimmt es auf den höheren Ebenen; und diese Tatsache ist der Schlüssel zu vielem.

11. Die Wechselwirkungen zwischen dem Positiven und dem Negativen auf den nichtmateriellen Ebenen

DIE SPIRITUELLEN EBENEN

»Auf der Siebten Ebene ist alles Eins und Eins ist Alles«; das ist ein oft wiederholter Grundsatz der esoterischen Philosophie. Auf dieser Ebene existieren zwei Arten von Wesen: jene, die in ihrer Entwicklung erst wenig über ihren Ursprung hinausgekommen sind und die sich auf der abwärts oder nach außen führenden Kurve der Evolution befinden; und jene, die nach der Vollendung ihrer Evolution wieder zur Höhe ihres Ursprungs hinaufgelangt sind. Diese Ebene, so heißt es, ist absolut formlos; Wesenheiten des ersten Typs haben noch keine Form erlangt, während jene des zweiten Typs, die alles gelernt haben, was Form sie lehren konnte, diese zusammen mit ihren Begrenzungen hinter sich gelassen und innerhalb des Universums, zu dem sie gehören, völlige Freiheit erlangt haben.

Es wird behauptet, daß auf dieser Ebene alle Eins sind; das Verhältnis, das zwischen jeder Einheit und dem Rest der Ebene besteht, überschreitet an Nähe und Vollendung bei weitem das Höchste, was von irdischen Liebenden auch in den ekstatischsten Momenten ihres Einsseins je erreicht wird; dieser Zustand besteht auf der siebten Ebene ständig und ist das Normale, daher kann man ihn ohne weiteres das Himmelreich nennen, denn es ist ein Zustand vollendeter Liebe und Harmonie. Menschliche Liebende fürchten, daß sie einander verlieren könnten in einem Zustand, den sie für ein leeres, formloses Nirwana halten; es ist im Gegenteil aber so, daß die Vollendung einer Vereinigung, die bis dahin nur wenigen Menschen in seltenen Augenblicken möglich war, dort zum Normalzustand der ganzen Schöpfung wird.

Auf der Siebten Ebene, und auf der Siebten Ebene ausschließlich, gibt es keine Differenzierung zwischen positiver und negativer Kraft. Diese Ebene wurde auch schon als Ebene des reinen Drucks bezeichnet.

Auf der Sechsten Ebene kommt es zur ersten Differenzierung, oder zum Beginn des Getrenntseins. Der universelle Druck der Siebten Ebene bewirkt, daß Kraft in alle Richtungen fließt, die sich in ihrem weiteren Lauf in einzelne Ströme aufteilt. Diese Ströme heißen in der esoterischen Terminologie »Strahlen«, und jeder Strahl wird für einen besonderen Aspekt der göttlichen Natur gehalten. Von jeder Monade, wie sie auf der Sechsten Ebene ins Dasein kommt, kann man erkennen, daß sie durch einen der Strahlen »in die Manifestation getreten« ist, und diese ursprüngliche Umgebung bestimmt für alle Zeiten, welcher Art die Monade sein wird; sie wird auch mit den Kräften anderer Strahlen wirken, doch der Farbton ihres Strahls wird den Grundton ihrer Natur bilden, und durch das Tor, durch das sie eingetreten ist, muß sie zurückkehren, wenn ihr Lebenslauf vollendet ist.

Es ist allgemein bekannt, daß sich Elektrizität, um zu funktionieren, in einem geschlossenen Kreislauf bewegen muß; ein Mensch, der von allen Kontakten zur Erde völlig isoliert ist, kann ein stromführendes Kabel berühren, ohne Schaden zu nehmen, denn er stellt für die elektrische Kraft keinen Durchgang dar. Ebenso ist es mit der Lebenskraft. Sie fließt aus dem göttlichen Ursprung in jede Monade, und wenn sie sie durchströmt und mit Energie versorgt hat, fließt sie weiter in den geschlossenen Kreislauf des Raums; danach, wenn sie einen Kreis geschlossen hat, der nur durch die Grenzen des manifesten Universums beschränkt ist, und wenn sie während dieses Kreislaufs zur tiefsten Form ihrer Manifestation hinabgestiegen ist, wird sie vom Göttlichen als ungestaltete kosmische Energie wieder aufgenommen. Falls man jedoch in irgendeiner Weise mit dieser Kraft arbeiten möchte, darf man es nicht zulassen, daß sie in den Raum ausstrahlt und so nicht mehr verfügbar ist; man muß sie in einen bestimmten Kanal lenken und sie dadurch, daß sie begrenzt und definiert wird, in Druck umwandeln, womit sie zu einer Energiequelle wird. Dies erreicht man, indem man sie dazu bringt, in den Kanal der individualisierten Form und daraus wieder zurück zu strömen. Auf dem Pfad des Hervorgehens bildet sich die Lebenskraft selbst ihren Kanal durch jede der in der augenblicklichen Existenz verfügbaren Monaden, wenn man jedoch ihre verschwenderische Ausbreitung verhindern will, muß ein Pfad der Rückkehr für sie geschaffen werden. Das Wissen um die Mittel der Erschaffung eines solchen Pfades der Rückkehr ist eines der Geheimnisse des praktischen Okkultismus.

Die Methoden, diesen Fluß und Rückfluß zu erreichen, sind im Prinzip auf allen Ebenen die gleichen, doch das genaue Mittel, das man verwendet, hängt von der Materie ab, in der es gebraucht wird. Im wesentlichen ist das so: Eine Monade von einem Typ, der dazu neigt, in die Manifestation oder Individualisation hineinzudrängen, wirkt zusammen mit einer Monade des Typs, der dazu neigt, zur Vereinigung mit dem Göttlichen, zu einer Universalisierung, zu drängen. Wenn sich diese zwei Typen begegnen können und eine Einheit der Substanz bilden, dann kann die Lebenskraft, die aus dem Göttlichen durch das männliche oder positive Individuum strömt, anstatt nach der Vollendung ihres Wirkens in der Maschine seines Organismus wieder in den freien Raum auszustrahlen, durch das negative oder weibliche Individuum wieder zum Göttlichen zurückströmen. An dem Punkt, wo sich diese beiden Einheiten treffen, kann man die Kraft zur Schöpfung in der Materie auf der Ebene, auf der die Vereinigung bewirkt wird, erschließen und nutzbar machen. Dies ist das Wesentlichste aus der esoterischen Lehre über die Funktion der Geschlechter.

Dieses Mittel der kosmischen Sexualität oder Polarität, falls man dieses Wort angesichts der Assoziationen des anderen vorzieht, wird auf der Sechsten Ebene angewandt in erster Linie, um einen starken Kraftstrom von der Siebten Ebene in eine der Sechsten Ebene entsprechende Form überzuführen; und zweitens, um diese Kraft auf einem hohen Niveau zu halten und die Verringerung und Zerstreuung zu vermeiden, die sie erleiden würde, wenn sie ihrem normalen Lauf folgen, durch die Ebenen hinabsteigen und sich im kosmischen Raum verlieren würde, bevor sie zum Göttlichen zurückkehrte. Anhand eines Beispiels wird dies klarer werden. Wir wollen den Fall eines Mannes mit hochentwickeltem spirituellem Charakter nehmen, der sich zu einer spirituellen Mission der Regeneration der Menschheit berufen fühlt. In der Ausdrucksweise der esoterischen Wissenschaft würde man sagen, daß ein solcher Mann, um ein Kanal für die höheren spirituellen Kräfte sein zu können, einen hoch entwickelten Körper auf der Sechsten Ebene haben muß, da er mit den Kräften der Sechsten Ebene arbeitet und diese nur durch ein hoch entwickeltes Gefäß entsprechenden Ausdruck finden können. Wenn dieser Mann zufrieden ist, ein einsamer Verfechter zu sein, kann er sein eigenes Leben zu einem sehr hohen Maß an Entwicklung erheben, indem er mit dem göttlichen Leben Kontakt hat, doch er wird seinen Mitmenschen und seinem Zeitalter kein Zeichen setzen; die äußere Welt wird von ihm unbeeinflußt bleiben. Sollte er sich jedoch entscheiden, auch in der äußeren Welt zu wirken, und das spirituelle Leben seiner Mitmenschen zu beeinflussen, wird man feststellen, daß er bald eine kleine Gruppe von Schülern um sich versammelt hat, die in einem anderen Verhältnis zu ihm stehen als die anderen aus der Reihe seiner Anhänger. Seinen Anhängern gibt er nur und verlangt weder Erwiderung noch erhält er sie; doch von seinen Schülern ist er auf eine besondere und sehr persönliche Weise abhängig, die jedoch von der äußeren Welt wenig verstanden wird. Obwohl sie von geringerer spiritueller Größe sind als er selbst, stützt er sich doch auf seine Schüler und wird von jedem Mangel auf ihrer Seite tief getroffen.

Diese Schüler können männlich oder weiblich sein, das ist ohne Bedeutung – alles, was von ihnen verlangt wird ist, daß sie in einer sehr persönlichen, wohlwollenden Gemeinsamkeit mit ihrem Meister leben und ein Maß an spiritueller Entwicklung erreicht haben, das sich der seinen annähert; dann wird man sehen, daß die kleine Gruppe als Einheit im Zentrum der spirituellen Bewegung wirkt. Außerdem wird man bemerken können, daß eventuelle »Missionare« paarweise zur Verbreitung der Lehren des Meisters ausgesandt werden, um einander unterstützen zu können.

In dieser Interaktion also zwischen einer starken positiven Natur, die als Kanal für eine machtvolle spiritualisierende Kraft wirkt, und weniger energievollen, relativ negativen Naturen, die diese Kraft empfangen, würde der esoterische Wissenschaftler die göttliche Lebenskraft in Polarität wirken sehen.

Eine bemerkenswerte Bestätigung findet diese Behauptung in einem Phänomen, das nicht selten im Zusammenhang mit der Invokation spiritueller Kräfte zu beobachten ist. Manch ein religiöser Lehrer scheitert am Riff der Sinnlichkeit, und jene, denen es gelingt, die Barke des Lebens sicher durch die schmale Meerenge der Unbescholtenheit zu steuern, haben in ihren Autobiographien Aufzeichnungen über furchtbare Kämpfe hinterlassen, die sie durchstehen mußten, bevor sie den Sieg errangen. Sie wurden in einem Ausmaß »vom Teufel versucht«, das dem gewöhnlichen Sterblichen erspart bleibt; ihre sinnliche Natur muß, aus den Visionen und Gedanken zu schließen, von deren Heimsuchung sie berichten, ebenso stark wie ihre spirituelle Natur gewesen sein, und sie konnten sie nur durch extreme Enthaltsamkeit unter Kontrolle halten. So ist also die Kasteiung des Fleisches und das Vermeiden jeglicher Stimulation fleischlicher Lüste eine *conditio sine qua non* der höheren Formen religiöser Hingabe.

Manche Psychologen sehen in diesem wohlbekannten Phänomen einen weiteren Beweis dafür, daß die Sexualität die Wurzel aller Dinge ist, und betrachten religiöse Gefühle als Sublimationen sexueller Gefühle; sie glauben, das spirituelle Leben ein für alle Mal abgehandelt zu haben, indem sie seine Verbindung mit der Sexualität beweisen. Der Esoteriker betrachtet dieses Phänomen jedoch von einem anderen Standpunkt. Er glaubt, daß beide Arten von Aktivität die Manifestation ein und derselben Kraft sind, die von größter Heiligkeit ist, und daß die Gestalt, die diese Kraft annimmt, durch den Mechanismus bestimmt wird, durch den sie wirkt; das heißt, sie äußert sich, wenn sie den Körper der Sechsten

Ebene durchläuft, als spirituelle Inbrunst und dynamische Kraft und wirkt auf die spirituellen Naturen jener ein, mit denen sie in Kontakt kommt; fließt sie jedoch durch den mentalen Körper, äußert sie sich als schöpferischer Intellekt, und sollte sie durch den physischen Körper fließen, als Sexualkraft im üblichen Sinne des Wortes. Dennoch ist der Esoteriker der Ansicht, daß es sich in allen Fällen um dieselbe Kraft handelt und daß ihre schließliche Manifestation im Sinne der Fortpflanzung sie in keinem Falle herabsetzt, sondern daß eine ursprünglich spirituelle Kraft, die auch in der Fortpflanzung wirkt, die Fortpflanzung selbst zu einer göttlichen und geheiligten Fähigkeit macht.

Die Meinung der Allgemeinheit jedoch, und besonders die der Theologie, eingeschüchtert durch das wohlbekannte Phänomen der Sinnlichkeit von Mystikern, hält die Lebenskraft, wenn sie sich auf der physischen Ebene manifestiert, in keiner Weise für etwas Heiliges, sondern eher für eine Manifestation der tieferen Seite unserer Natur im Kampf gegen unser spirituelles Selbst; und doch gibt es einige Bekenner von weiser menschlicher Natur, die klug genug sind, sie als unterschiedliche Aspekte ein und derselben Sache zu betrachten. Wenn die Sinnlichkeit einen religiösen Lehrer ins Gespräch bringt, geht man im allgemeinen davon aus, daß sein Leben als eine spirituelle Kraft notwendigerweise vorbei ist; und das mag tatsächlich der Fall sein, denn sollten die großen Kräfte, mit denen er umging, sich seiner Kontrolle so weit entzogen haben, daß sie bis auf die physische Ebene heruntersanken, wird es ihm nach einem solchen »Wolkenbruch« schwerfallen, sie wieder in den für sie vorgesehenen Kanal zu lenken; seine Begrenzungen könnten fortgespült worden sein, und er mag vielleicht nie mehr in der Lage sein, so viel Energie zu konzentrieren, um damit wirken zu können. Doch trotz alledem war es eine spirituelle Kraft, die ihre Grenzen gesprengt hat und nicht eine Kraft der Unterwelt. Die ungeheure kosmische Energie, die jener Mann dazu gebracht hatte, durch sein individualisiertes Selbst zu fließen, erwies sich als von größerer Spannung, bildlich gesprochen, als er fassen konnte, und so schmolz seine spirituelle Natur durch den Überfluß und erlitt einen »Kurzschluß«. Der Strom wurde wortwörtlich geerdet. Statt daß die stark konstruierte spirituelle Natur die Strömung in dem dafür vorgesehenen Kanal hielt und an die spirituelle Seite von anderen weitergab, so daß sie hätte zu ihrer göttlichen Quelle zurückfließen können, ohne je die Sechste Ebene zu verlassen, war der Druck auf den spirituellen Körper dieses Mannes so groß, daß die Kraft außer Kontrolle geriet und den Weg des geringsten Widerstandes wählte, die Richtung hinunter zur ersten und dann wieder zurück auf dem Wege der Erd-Seele; und er war so wenig daran schuld, wie der Mann, dessen Mühlendamm bricht, woraufhin ein Dorf überschwemmt wird. Es ist wahr, er hätte wissen müssen, daß die Wassermenge zu groß für die Stärke der Staumauer war, doch er ist nicht der vorsätzliche Mörder des Dorfes.

Dies ist ein Phänomen, das dem esoterischen Wissenschaftler wohlbekannt ist: das Brechen eines spirituellen Mühldammes unter einem Druck, dem der Organismus nicht standhält, und die folgende Reduktion der göttlichen Kräfte auf die untersten Ebenen des Daseins. Man könnte nun fragen: Welches Mittel gibt es dagegen? Erstens ist Vorbeugen besser als Heilen, und alle subtileren Kräfte sollten sorgfältig auf die moralische Ausdauer der sie gebrauchenden Person abgestimmt werden; zweitens sollte man vermeiden, allein ans Werk zu gehen, so daß eventuell der Blick eines anderen den ersten Riß im Mühldamm wahrnimmt, eine Sachlage, die sein Eigentümer wahrscheinlich zuletzt erkennen würde. Falls dann ein solches Warnzeichen des bevorstehenden Zusammenbruchs erscheint, sollte das bedrohte Individuum alle inneren Aktivitäten einstellen und sich auf die materielle Ebene begeben, mit Hilfe kräftiger körperlicher Aktivitäten oder sogar Kasteiungen von der guten altmodischen Art. Vor allen Dingen sollte er davon Abstand nehmen, irgendwelche weiteren spirituellen Kräfte hervorzubringen, bis die Kanäle für ihren Lauf wiederhergestellt sind. Denn der Myste, der unter solchen Umständen weiterhin Zustände der Ekstase hervorruft, wird entweder einen Ausbruch von Sinnlichkeit oder einen Ausbruch von Hysterie bewirken, und die Intuition vieler spiritueller Seelen war gesund, wenn sie fühlten, daß sie unter solchen Umständen nicht wert waren, sich ihrem Gott zu nähern, und daß sie nur demütig auf den Feldern arbeiten oder die Armen betreuen durften, bis sie wieder zu würdigen Empfängern Seiner Güte geworden waren und Er ihnen seine neuerliche Annäherung gewährte. Eine solche spirituelle Demut würde manchen Möchtegern-Heiligen vor der Schande bewahren. Wenn die Lebenskräfte sich auf den unteren Ebenen bewegen, öffnen wir die höheren Ebenen auf eigene Gefahr.

DIE MENTALEN EBENEN

Die Wirkung der Polarität kann man in jenen beiden Aspekten des Geistes genau verfolgen, die sich als abstraktes und konkretes Denken auswirken. Auf der Fünften Ebene oder Ebene des abstrakten Denkens werden die großen Strahlen, die die Aktivität der sechsten Ebene darstellen, weiterentwickelt zu Qualitäten und abstrakten Prinzipien. Da diese Ebene völlig abstrakt ist, kann man sie nur mit der Hilfe von Vergleichen begreifen, und ihre Art kann in einem Buch dieser Art nur angedeutet werden.

Es gibt zwei Arten von logischem Denken. Beim ersten oder deduktiven Typ werden aus einem generellen Prinzip spezielle Momente seines Wirkens hergeleitet; und beim zweiten oder induktiven Typ des Denkens wird eine allgemeine Gesetzmäßigkeit aus einzelnen Momenten hergeleitet. Obwohl jeder bei geistigen Tätigkeiten beide Methoden verwendet, wird man feststellen, daß bei jedem Individuum, das ausreichend entwickelt ist, um diese mentale Ebene zu gebrauchen, der eine oder andere Typ vorherrscht. Die große Menge der Menschheit, wie man ohne weiteres beobachten kann, hat dieses Stadium der Entwicklung noch nicht erreicht, sondern geht nach der primitiven Methode vor, die sich auf das Gedächtnis als Führer verläßt und unfähig ist, mehr als die offensichtlichsten Schlüsse aus der Erfahrung zu ziehen.

Individuen auf der höheren mentalen Ebene kann man demnach in zwei Arten einteilen: jene, die im Besitz der großen abstrakten Prinzipien dieser Ebene sind und die bestrebt sind, sie auf die dichteren Formen des Daseins anzuwenden, und die sich auch, im Bewußtsein der göttlichen Herkunft dieser Prinzipien, bemühen, das göttliche Licht mit sich zu nehmen, wenn sie sich durch die verschiedenen Stadien der Evolution bewegen; und der andere Typ, der sich, im Bewußtsein seines göttlichen Ziels, immer bemüht, alle Erfahrungen zu spirituellen Gruppen zusammenzustellen. Der eine teilt, der andere vereinigt, der eine wirkt auf männliche, der andere auf weibliche Art und Weise.

Wie wirken sich diese beiden Typen im eigentlichen Leben aus? Der eine wird ein Philosoph sein, der allgemeine Prinzipien aufstellt und daraus deren Folgen herleitet; und der andere wird ein Wissenschaftler sein, der Mengen von Daten sammelt und aus seinen Beobachtungen allgemeine Gesetzmäßigkeiten ableitet. Natürlich sollte in der wirklichen Praxis jeder Denker beide Methoden anwenden. Würde er nur Fakten sammeln, obwohl diese existieren, oder wäre er nur ein Verkünder unbewiesener Prinzipien, und diese existieren auch (obwohl die heutige Art des Bildungswesens dazu neigt, sie auszulöschen), würde er in der Welt des Denkens nur wenig Bedeutung erlangen; die größten Beiträge zum Wissen der Menschheit wurden von jenen erbracht, die philosophisch denkende Wissenschaftler oder wissenschaftlich denkende Philosophen waren.

Üblicherweise ist es jedoch so, daß der eine Typ von Denkern die Daten sammelt und der andere sich zu diesen Daten Gedanken macht, nur bei den hervorragendsten wirken die beiden Aktivitäten zusammen. In dieser Kooperation sieht der esoterische Wissenschaftler das Wirken beider Typen der Polarität, die männliche Induktion und die weibliche Deduktion, und er würde erklären, daß diese beiden Methoden des Wirkens auf der Ebene des abstrakten Denkens für die Schöpfung ebenso wichtig sind wie auf der Ebene der dichten Materie, da das eine ohne das andere unfruchtbar ist, während beide Funktionen zusammen die Frucht des neuen Wissens tragen.

Auf der Vierten Ebene, der Ebene des konkreten Denkens, wirkt sich das Prinzip der Polarität ebenfalls aus. Wie ermüdend und schwierig ist intellektuelle Arbeit, die einsam und ohne Anerkennung oder Sympathie geleistet wird, doch ein Geist reagiert auf einen anderen mit neuer Anregung und Aktivität, wenn es eine gemeinsame Basis des Wissens gibt. Alle, die mit dem Kopf arbeiten, kennen den plötzlichen Sprung nach vorn, den ihre Bemühungen nach einem Gespräch, einem Briefwechsel oder sogar nach der Lektüre eines Buches machen, das von ihrem Thema handelt. Die stimulative Wirkung des einen auf das andere ist auf dieser Ebene sehr klar erkennbar, und ob die Kopfarbeiter ihre Bedeutung verstehen oder nicht, kennen sie sie doch aus Erfahrung und wenden sie häufig an, wie man in den Berichten über ihren Lebenslauf beobachten kann. Der Esoteriker kennt dieses Prinzip ebenfalls und macht es sich zunutze; es ist sogar so, daß er für manche Arten von Arbeit auf sein Gegenüber warten muß und nicht allein vorgehen kann.

DIE ASTRALEN EBENEN

Die Ebenen der Gefühle und Leidenschaften werden in der esoterischen Wissenschaft als obere beziehungsweise untere Astralebene bezeichnet, und hier können wir den Beginn von Sexualität, wie sie normalerweise verstanden wird, erkennen.

Auf der Dritten oder oberen Astralebene, der Ebene der zarten Neigungen, sehen wir die gefühlsmäßige Seite der Natur, die ein Objekt zum Ausdruck ihrer Empfindungen oder zur Erfüllung ihrer Bedürfnisse begehrt, und diese beiden Aspekte des Gefühlslebens würde der Esoteriker als Emotion in der Polarität ansehen. Auf der Dritten Ebene gibt es immer noch kein festgelegtes Geschlecht; die Art der Wirkung bestimmt, ob die betreffende Kraft positiv oder negativ, von männlichem oder weiblichem Charakter ist. Wenn ein Bedürfnis zur emotionellen Äußerung da ist, betrachtet man das als männlich, gibt es ein Bedürfnis zur emotionellen Erfüllung, wird es als weiblich angesehen. Diese beiden Ausdrucksarten können jedoch in rascher Folge auftreten, oder sogar – in bezug auf verschiedene Aspekte der Natur – gleichzeitig, die Polarität ist daher ständig fließend. Dieser Fluß der Polarität auf der oberen Astralebene ist ein sehr wichtiger Faktor in der praktischen Anwendung der Prinzipien auf den menschlichen Bereich.

Auf der unteren Astralebene der Ebene der Instinkte tendiert die Polarität dazu, eine stabilere Position einzunehmen, denn diese Ebene ist sehr nah mit dem Körperlichen verbunden, und ihre Verhältnisse werden durch die physischen Phasen des Körpers beeinflußt; doch so seltsam es auch auf den ersten Blick erscheinen mag, das Geschlecht des Körpers auf der Zweiten Ebene ist gegensätzlich zum Geschlecht des physischen Körpers. Es ist jedoch nicht schwierig, dem Leser die Wahrheit dieser Behauptung zu beweisen. Es ist allgemein bekannt, daß die Liebe einer Frau stetig, andauernd, aber von geringerer Intensität ist als die eines Mannes, während er intensiv auf einen Stimulus reagiert und sich zu einer passiven Haltung zurückzieht, wenn ihm dieser Stimulus entzogen wird; hierin würde der Esoteriker den stetigen Fluß der Kraft durch das positive, männliche Gefäß der Frau und die plötzliche Explosion latenter Energie im weiblichen Gefäß des Begehrens eines Mannes unter dem Stimulus einer kinetischen Kraft sehen.

Auf dieser Ebene werden bestimmte Formen von Magie praktiziert, die von der Sexualkraft Gebrauch machen. Daraus ergibt sich bei jenen, die sich mit solchen okkulten Studien beschäftigen, die Gefahr, sich ohne es zu wissen in Bereiche unbekannter Größenordnung zu begeben, und die Notwendigkeit zu großer Selbstkontrolle. Jeder, der mit den Kreisen vertraut ist, in denen Studien in praktischem Okkultismus betrieben werden, weiß, daß es in dieser Beziehung ständig Schwierigkeiten gibt, wenn nicht ein hoher moralischer Standard beibehalten wird.

12. Die Polarität auf der materiellen Ebene

Wir sind mit physischen Körpern versehen, in denen die Anlage von Fortpflanzungsorganen bestimmt, welche Rolle wir in der Polarität des Lebens spielen sollen; wir werden männlich oder weiblich geboren und müssen uns mit der Entscheidung unserer Schöpfung begnügen; die Phänomene des hermaphroditischen und des homosexuellen Wesens werden von esoterischen ebenso wie von exoterischen Wissenschaftlern für pathologisch gehalten.

Die Kontrolle über die sexuelle Aktivität auf der physischen Ebene wird von der Chemie der endokrinen Organe bestimmt, Drüsen mit innerer Sekretion, die als Hormone bekannte Stoffe ins Blut abgeben, welche, da sie durch den Blutkreislauf befördert werden, die sekretorischen Organe zur Funktion anregen. So steigt und fällt der sexuelle Druck in einem Individuum entsprechend der chemischen Zusammensetzung seines Blutes, die ständig innerhalb bestimmter Grenzen schwankt. Es wurden Tabellen erarbeitet, um dies zu beweisen, man hat nachgewiesen, daß der monatliche Zyklus im Sexualleben der Frauen mit dem Prozentsatz von Kalziumsalzen in ihrem Blut zusammenhängt, und auch beim Mann gibt es einen rhythmischen Anstieg und Abfall der Triebe, die jedoch weniger erforscht wurden als die deutlichere Periodizität bei Frauen.

Von bestimmten allgemein bekannten Autoren ist erklärt worden, daß in dieser Entdeckung der Schlüssel zum ganzen Leben zu finden sei, sowohl dem emotionellen als auch dem intellektuellen und spirituellen. Es wurde sogar behauptet, daß der Mensch einfach nur die Synthese seiner innersekretorischen Aktionen ist, und daß jeder spirituelle Impuls, jedes emotionelle Ideal in Form von Kalziumsalzen ausgedrückt werden könnte. Ein Punkt jedoch wird von diesen Philosophen der Physiologie übersehen, und das ist der wesentliche Einfluß emotioneller Zustände auf die endokrinen Organe. Die eine physiologische Lehre erklärt, daß die über den Nieren gelegenen Nebennieren die Sexualfunktionen regulieren; eine andere Lehre nennt die Nebennieren die Kampforgane, da es ihre Ausscheidung ist, die alle Fasern anspannt, um sie zu heftiger Bewegung bereit zu machen, und die das Blut leicht gerinnen läßt, falls Verletzungen auftreten; man weiß allerdings auch, daß diese Organe zur Funktion stimuliert werden, wenn ihr Besitzer das *Gefühl* von Wut oder Angst hat. Daraus kann man ersehen, daß die exoterische Wissenschaft im Experiment beweist, was die esoterische Wissenschaft schon seit langem lehrt – daß die Funktion des physischen Körpers von der Ebene der Instinkte und Leidenschaften aus kontrolliert wird. Obwohl die Chemie der endokrinen Drüsen die Funktion der körperlichen Fasern bestimmt, werden die endokrinen Drüsen selbst durch die Emotionen bestimmt.

Es gibt keine Notwendigkeit, in einem Buch dieser Art die wohlbekannten Einzelheiten der Sexualphysiologie zu erläutern; es wurde schon genug dazu gesagt, um anzudeuten, wo die exoterische und die esoterische Wissenschaft sich treffen, nämlich im endokrinen System.

13. Die Polarität im Organismus

In den vorhergehenden Kapiteln wurden kurz die Erscheinungen der Polarität zwischen Einheiten gegensätzlicher Typen, die auf den verschiedenen Ebenen wirken, erklärt; der esoterischen Wissenschaft ist jedoch noch eine zweite, untergeordnete Art von Polarität bekannt, die innerhalb des Individuums selbst in Erscheinung tritt. Die verschiedenen Körper oder Prinzipien des Menschen sind relativ positiv oder negativ in ihrem Verhältnis zueinander, das Feinere ist dabei positiv im Verhältnis zum Dichteren. So ist der psychische Körper, der Körper der Instinkte und Leidenschaften, positiv im Verhältnis zum negativen physischen Körper, den er zu Aktivität anregt und dessen Verhältnisse er vorgibt, natürlich gemäß den physikalischen und chemischen Gesetzen, die die materielle Ebene bestimmen.

Jeder Körper in der Reihenfolge wird also von dem darüberstehenden bestimmt und muß den Stimulus des übergeordneten abwarten, bevor er in Funktion treten kann; ebenso wirkt jeder Körper als Kontrolle und Stimulanz für den in der Folge der Manifestation darunterliegenden Körper. Daher ist er männlich im Verhältnis zum nächstdichteren Gefäß und weiblich im Verhältnis zu der feineren Materie, die sich in ihm beseelt.

Die Monade der Siebten Ebene oder der Funke des spirituellen Lebens ist die wesentliche Determinante der ganzen Siebenheit, er gibt Leben und Individualisation, ohne die es überhaupt keine Einheit gäbe. Die Verhältnisse der Strahlen auf der Sechsten Ebene bestimmen den Typ; und die abstrakten Qualitäten der Fünften Ebene, zusammen mit der jeweiligen Art von Strahl, bestimmen die wesentlichsten Züge der individualisierten Natur.

Von der Vierten Ebene an abwärts wird die Persönlichkeit durch Erfahrungen aufgebaut, denn auf der Vierten Ebene des konkreten Denkens beginnt das Gedächtnis. Die Individualität der drei oberen Ebenen bestimmt jedoch völlig die eigentliche Richtung des Weges, der in der Entwicklung eingeschlagen wird; welche Veränderungen auch immer als Ergebnis von Umständen entstehen mögen, wird das Individuum doch immer danach streben, seine ursprüngliche Richtung wieder einzuschlagen, sobald der Widerstand beseitigt ist.

Die Erinnerungen, die im konkreten Denken gesammelt werden, bestimmen natürlich die emotionellen Reaktionen eines Individuums auf seine Umgebung auf der Dritten Ebene, und seine Gefühle werden gleichermaßen die Ziele seiner instinktiven Aktionen auf der Zweiten Ebene bedingen, indem sie ihn dazu bringen, aufzusuchen, was ihm angenehm und zu meiden, was ihm unangenehm ist.

Die Erste Ebene wird, wie wir schon gesehen haben, von den Emotionen reguliert, die sich auf die endokrinen Drüsen und die ans Nervensystem abgegebenen Impulse auswirken.

Wir können also zusammenfassend sagen, daß jeder Körper von den Gesetzmäßigkeiten seiner eigenen Ebene *regiert* wird, und daß seine Funktionsweise durch den Körper direkt über dem seinen *reguliert* wird. So sollten wir also, da der physische Körper vom psychischen Körper kontrolliert wird, versuchen, letzteren zu beeinflussen, falls die Kontrolle der physischen Maschinerie versagen sollte. Dies tun wir von der Dritten Ebene aus, die die Ebene des bildlichen Bewußtseins ist, indem wir sie dazu bringen, Bilder von Gesundheit und perfekter Funktion entstehen zu lassen; diese Bilder werden, wenn sie mit ausreichender Klarheit und Dauer im bildlichen Bewußtsein der Dritten Ebene aufsteigen, den Körper der Zweiten Ebene zurechtrücken und bewirken, daß er entsprechende Impulse an das dichte Gefäß aussendet, das wieder zu den Gegebenheiten der Gesundheit zurückkehrt, sobald die durch Fehlfunktionen entstehenden gefährlichen chemischen Substanzen aus dem System ausgeschieden werden können – vorausgesetzt, daß keine organische Veränderung stattgefunden hat.

Dieser Heilprozeß wurde durch die als Autosuggestion bekannte Methode allgemein verbreitet, und die Christliche Wissenschaft hat eine noch sorgfältigere und weitreichendere Anwendung entwickelt, bei der der Aspekt des Geistes auf der Fünften Ebene angeregt wird, sich mit den abstrakten Prinzipien der Harmonie zu beschäftigen, wodurch die Kontrolle von dieser Ebene aus erreicht wird. Wenn wahre Geistheilung vorkommt – im Gegensatz zur sogenannten Geistheilung, die aus der Autosuggestion religiösen Glaubens entsteht –, dann ereignet sie sich von der Siebten Ebene aus, indem die Monade die Kontrolle über alle unter ihr liegenden Körper übernimmt und deren Verhältnisse bestimmt, eine überaus seltene Erscheinung.

Im normalen Lauf der Natur geht die gegenseitige Kontrolle der Reihen von Körpern stetig weiter, doch derjenige, der die Kräfte eines bestimmten Körpers zu hohen Fähigkeiten zu erheben wünscht, kann sie willentlich nutzen. Nehmen wir an, der Mensch, von dem wir ausgehen, sei ein Künstler. Er kann die Fähigkeiten seines Astralkörpers (denn die imaginativen Künste befinden sich auf der Dritten Ebene) erheben, indem er seinen Intellekt zusätzlich zu seiner Imagination darauf einwirken läßt. Er wird feststellen, daß die Einwirkung des konkreten Denkens auf die Problematik eines halb visualisierten Werkes seine Emotionen dazu anregen wird, sich in einer künstlerischen Form zu konkretisieren, eine Konkretisation, die nicht stattgefunden hätte, wenn sie nicht von jenseits der emotionellen Kräfte der Dritten Ebene angefeuert worden wäre.

Ebenso muß er auf der Vierten Ebene oder Ebene des konkreten Denkens seine Fähigkeit zu abstraktem Denken zum Wirken anregen, wenn er die tiefere Bedeutung der von ihm betrachteten Fakten erkennen will.

Diese Aktion und Reaktion zwischen zwei Gefäßen eines Menschen, die notwendig ist für kreatives Arbeiten, für Nach-außen-Projizieren der Kraft eines Individuums durch Schaffung eines Gefäßes in der Materie der einen oder anderen Ebene – sei das Gefäß nun in Form des geschriebenen Wortes auf der mentalen Ebene gestaltet, oder in Form von Klang oder Farbe auf der astralen Ebene –, würde von einem esoterischen Wissenschaftler als Beispiel für das immerwährende Prinzip der Polarität betrachtet, das jedem kreativen Schaffen zugrunde liegt.

Manchmal wird jedoch eine umgekehrte Strömung erreicht; zum Beispiel wenn ein Mensch versucht, ein bestimmtes Gefäß mit Hilfe des darunterliegenden anstatt des darüberliegenden zu stimulieren. So kann es ihm möglich sein, durch seinen konkreten Verstand sein abstraktes Denken in Bewegung zu bringen. In diesem Falle ist er einer derjenigen, der abstrakte Prinzipien in den Dienst spezieller Zwecke stellt, der fordert, daß die Gesetze des Universums mit seinen Begriffen von Gut und Böse übereinstimmen, der seine eigenen Interpretationen in die Äußerungen von Denkern hineinliest, die größer sind als er selbst, und sie dann als Rechtfertigungen seiner Ansichten hinstellt. Er ist einseitig, voreingenommen, unfähig zu argumentieren und nicht in der Lage, eine andere Seite der Sache zu sehen als jene, die er sich vorgenommen hat; so begrenzt die Natur der tieferen Ebene die Inspiration, die durch Kontakt mit der höheren erreichbar wäre.

Ebenso ist ein Mensch, dessen Emotionen ihn zu intellektueller Arbeit veranlassen, geneigt, eine Sache eher beweisen zu wollen, als die Wahrheit zu erkennen, und wo die Emotionen eher von den Gelüsten als von der Vernunft kontrolliert werden, handelt es sich um das labile, unstete, heftige Individuum, für das gilt »alles wechselweise und nichts zu lang«, den Sentimentalisten, dem es an treibender Kraft und an Intelligenz fehlt, die notwendig wären, seine Träume zu verwirklichen.

Wenn die Instinkte eher von den körperlichen Gefühlen als von den zarten Empfindungen geleitet werden, die sie zu menschlicher Liebe machen sollten, handelt es sich um den Sensualisten, grausam oder wollüstig, je nachdem wie seine Leidenschaften mit seinen Hormonen schwanken.

Alkohol ist eines der stärksten Mittel, die geeignet sind, die Polarität der Körper umzukehren. Nachdem er vom physischen Körper aufgenommen worden ist, beschleunigt er die Lebensprozesse, bis das dichte, körperliche Gefäß energievoller ist als die feineren Körper, wodurch er im Verhältnis zu ihnen positiv wird und in der Lage ist, sie zum Wirken anzuregen. Wenn jedoch der Druck des Alkohols nachläßt, entsteht eine Phase von »stehendem Wasser«, da der Strom des Lebensflusses zum Halten kommt, bevor er seine Bewegung umkehren kann, um seine natürliche Flußrichtung wieder aufzunehmen. Dies bewirkt einen Aspekt der Reaktion, die als Folge von Alkoholgenuß ja wohlbekannt ist.

14. Die Polarität in einer Gruppe

Die moderne Wissenschaft beginnt zu erkennen, daß die Psychologie einer Menge nicht nur, aus der Gesamtsumme der Wesenszüge der sie bildenden Menschen besteht; die esoterische Wissenschaft kennt diese Wahrheit schon seit langem und hat sie in ihrer Arbeit oft angewandt; ein Ritual bezieht eine Menge seiner Kraft aus der Tatsache, daß es eine Gruppe konzentriert und die Kräfte des Gruppengeistes aktiviert.

Die Theorie des Gruppengeistes ist, obwohl den Okkultisten durchaus geläufig, selbst Psychologen, die sich nicht speziell mit diesem Sachgebiet beschäftigt haben, weitgehend unbekannt, daher soll hier ein kurzer Abriß davon gegeben werden, um den besonderen Bezug zum Thema dieses Buches klarzulegen.

(Ich möchte jedoch für jene, denen die esoterischen Ideen in ihrer exoterischen Form schon bekannt sind, feststellen, daß der Gruppengeist nicht dasselbe ist wie die Gruppenseele.)

Ein bestimmter Anteil des Unterbewußtseins ist nicht innerhalb der Persönlichkeit eingeschlossen. Wenn sich eine Anzahl von Menschen auf das gleiche Objekt konzentriert und diesem Objekt gegenüber die gleichen Gefühle hat, wie zum Beispiel im Falle einer Gemeinde, deren Konzentration auf einen Prediger gerichtet ist, sei es mit Liebe und Bewunderung oder mit Ablehnung und Haß, dann neigen die freibeweglichen Teile des Unterbewußtseins dazu, zusammenzufließen und sich in einer einzigen Wolke zu vermischen, die die ganze Gruppe überschattet (es sollte deutlich werden, daß hier metaphorische Sprache verwendet wird). Der so entstandene gemeinsame Geist enthält nur jene Ideen und Gefühle, die auf das gemeinsame Objekt der Aufmerksamkeit gerichtet sind; diese Ideen bahnen sich langsam durch ihre Substanz einen Weg in das Unterbewußtsein aller, die die Gruppe darstellen, und kann von da aus ihr Bewußtsein beeinflussen. Deshalb ist es so wichtig, daß die Mitglieder einer jeden eng organisierten Gruppe sorgfältig ausgewählt sind, denn schon eine einzige dominante Persönlichkeit kann das Ganze beeinflussen.

Wenn ein Gruppengeist sich deutlich ausgeprägt hat, bekommt er eine klare eigene Persönlichkeit. Er ist eine geschlossene Einheit, die ihr Leben aus der Gruppe bezieht, die sie entstehen ließ; er kann durch jede Veränderung im Denken der Gruppe geändert werden, doch zerstört werden kann er nur, indem man die Gruppe zerstreut. Sollte sich also in einer Ansammlung von Menschen ein unerwünschter Unterton finden, besteht das einzige Hilfsmittel darin, die Gruppe aufzulösen und nach einer gewissen Zeit von neuem zu beginnen.

Dieser Gruppengeist verbindet sich, sobald er ausreichend entwickelt ist, mit jenen natürlichen Kräften, denen er am ähnlichsten ist. Zum Beispiel lebt ein philanthropischer Gruppengeist aus den sprituellen Kräften des Glaubens, die ihn inspirieren, und ein patriotischer Gruppengeist aus der Gruppenseele des Volkes. Selbst wenn einzelne feststellen, daß sie Energie verbrauchen, wenn sie einen Gruppengeist aufbauen, werden sie auch feststellen, daß er nach Vollendung des Aufbaus für sie eine Energiequelle wird, aus der sie Kraft schöpfen können.

Ein konkretes Beispiel wird dabei helfen, diese etwas schwierige und ungewöhnliche Vorstellung zu erklären. Wir wollen uns einen Menschen vorstellen, der eine spirituelle Botschaft zu vermitteln hat. Mit großer Anstrengung gelingt es ihm, eine kleine Gruppe von Gläubigen um sich zu scharen. Sobald er dies vollbracht hat, wird er feststellen, daß seine Arbeit viel einfacher geworden ist, er kann mit viel mehr Kraft und Einfluß und mit weniger Anstrengung predigen; seine Inspiration wird stärker und weniger krampfhaft. Disharmonie oder Gleichgültigkeit in seiner Gruppe geht ihm selbst sehr nahe. Jeder Verkünder einer Religion wird aus seiner eigenen Erfahrung bestätigen, wie bedrückend sich eine schwerfällige und wie inspirierend sich eine begeisterte Gemeinde auswirkt. Diejenigen, die innerhalb der Gemeinschaft am meisten hervortreten, sind sich ganz bestimmt der Unterstützung und Triebkraft des Gruppengeistes bewußt, der von gemeinsamem Interesse und gemeinsamer Begeisterung gegründet wird; er wirkt wie ein psychisches Schwungrad, das sie über den toten Punkt persönlicher Unzulänglichkeiten hinwegträgt. Auf diese Menschen wirkt die Gruppenseele als männliche Kraft, die sie zu kreativen Aktionen anregt und sie vor äußeren Einflüssen und Widerständen schützt.

Im Falle der breiten Anhängerschaft ist die Sachlage jedoch umgekehrt, die Gruppenseele entzieht ihnen etwas; doch indem sie ihre Lebenskräfte von ihnen bezieht, entsteht sozusagen ein spiritueller Sog, und neue Lebenskräfte dringen aus dem universellen Leben in sie ein. Eine der Hauptursachen von Schwierigkeiten bei Frauen ohne Partner ist der Stillstand und die Schalheit ihrer ungebrauchten Lebenskräfte; der Gruppengeist verhindert, indem er diese Kräfte gebraucht, jenen Stillstand und bringt die Kräfte in Bewegung. Man wird immer wieder beobachten können, daß eine religiöse oder philanthropische Gemeinschaft einen großen Anteil ihrer Kraft von den partnerlosen Frauen bezieht, die ihr angehören, denn sie versorgt sie mit einem Betätigungsfeld für ihre Energien. Die Frauen ergießen jene Energien in den Gruppengeist, die sie für die Liebe zu Mann und Kindern aufgebracht hätten, wenn sie verheiratet gewesen wären.

So wird das Werk der Zivilisation vollbracht, indem die Gruppenseele des Volkes die Energien einer großen Anzahl von Frauen in sich aufnimmt. Man kann beobachten, daß es die Tendenz aller höher entwickelten Kulturen ist, einen Überfluß an Frauen zu erzeugen, mehr als in der Aufgabe der Fortpflanzung aufgehen können; diese Frauen werden mit Vorsatz erzeugt, denn sie werden für die Gruppenarbeit gebraucht, durch deren Hilfe sich die höheren Phasen der Evolution manifestieren können.

Indem sie diese Tatsache kennen und von ihren Möglichkeiten wissentlich Gebrauch machen, können die partnerlosen Frauen ihren Platz in der Welt finden und fühlen, wie ihre brachliegenden Energien gebraucht werden und wie sie dadurch in den großen Strom des geistigen Lebens ihres Volkes aufgenommen werden, das für jene, die an seinem Fluß teilhaben, eine so mächtige Quelle für Inspiration und Zufriedenheit darstellt.

Ein Gruppengeist hat also zwei Aspekte: Er ist ein Kraftspeicher, den die Führer der Gruppe für ihre kreative Arbeit brauchen, und er ist ein Betätigungsfeld für die ungebrauchten und brachliegenden Energien ihrer Gefolgschaft. Dieses Wissen bietet einen wertvollen Beitrag zur Lösung des Problems unserer überzähligen Frauen.

15. Die ideale Ehe

Eine ideale Ehe kommt selten vor, und doch begibt sich jeder Mensch mit der Hoffnung in diesen Zustand, daß er ihm das höchste irdische Glück bringen wird. Er weiß intuitiv, daß nur in der Vereinigung mit einem anderen Wesen von der ihm selbst entgegengesetzten Seite der Polarität alle Möglichkeiten der menschlichen Entwicklung verwirklicht werden können, und in der Hoffnung, die höchstmögliche Entwicklungsstufe zu erreichen, begibt er sich in ein Leben der Wechselwirkung mit einem Menschen des anderen Geschlechts; er setzt alles auf einen einzigen Versuch und erreicht dadurch selten das Ziel seiner Seelenwünsche. Viele Ehen basieren ausschließlich auf gegenseitiger Duldung; viele Paare werden nur durch den Druck der öffentlichen Meinung zusammengehalten; manche sind einander nur durch das Band der gegenseitigen Bequemlichkeit verbunden; und doch wurde jeder von ihnen durch ein Bedürfnis in die Ehe geführt, das nur die Vereinigung mit einem anderen hätte erfüllen können.

Das liegt also dem Wunsch zur Vereinigung zugrunde:

ein Bedürfnis, sei es nach dem Ausdruck eines überfließenden Lebensdrucks oder nach dem Empfangen einer Kraft, die der eigenen Natur fehlt – und nur diese Vereinigung erfüllt den Zweck, die diesen Bedürfnissen entspricht, in der jeder Teil des Paares im anderen eine Nachfrage nach dem, was er geben möchte, und eine Erfüllung der eigenen Wünsche findet; es muß einen Austausch geben, der jedem seinen schmerzlichen Überfluß nimmt und dazu gebraucht, den anderen mit genau dem zu versehen, was ihm fehlt.

Wenn diese Vollendung nicht in allen Punkten erreicht wird, bleibt das Sehnen nach Vereinigung als unbefriedigter und quälender Hunger bestehen oder wendet sich zu seiner Befriedigung in eine andere Richtung, was Unglück und soziale Unordnung mit sich bringt. Die Entfremdung kann teilweise oder völlig geschehen; er oder sie können sich als Ganzes von ihrem Partner zurückziehen und in einer nicht legalisierten Vereinigung mit all ihren unheilbringenden Folgen einen neuen Partner suchen, oder man wendet sich jeweils mit nur einem Teil seiner Natur ab, indem man nur intellektuelle Gemeinschaft und emotionelle Sympathie sucht und auf jenen Akt der körperlichen Vereinigung verzichtet, den die allgemeine Meinung als einzigen sexuellen Akt betrachtet. Es wäre jedoch vorschnell, wenn man sagen wollte, daß ein Mann in seinen Beziehungen zu einer Frau weniger männlich sein sollte, nur weil er seine Lust auf sie unterdrückt und sich mit intellektueller Gemeinschaft allein zufrieden gibt. Jesus sagt, daß jeder, der auch nur mit Lust auf eine Frau schaut, in seinem Herzen schon Ehebruch mit ihr begangen hat, und jene, die eine größere Einsicht in die menschliche Natur haben, wissen, daß sie mehr Grund haben, auf die Treue des Geistes eifersüchtig zu sein als auf die des Körpers; eine Frau hat wenig Grund auf einen Tribut der körperlichen Instinkte stolz zu sein, der jedem angenehmen weiblichen Wesen ihrer Art zuteil werden könnte, wenn das tiefe Verlangen des höheren Mannes in dem Wesen, das sie geheiratet hat, sich jemand anderem zuwendet. Es ist eher die Frau, die das Objekt einer unerlaubten Liebe ist, die den Mann wirklich hält als diejenige, die nur seinen Namen und sein Bett teilt.

Unsere Gesetze und unsere Theologie erkennen jedoch, mit einer kurzsichtigen Berechnung, nur die körperliche Treue an und ignorieren die Lust des Auges, wodurch sie für uns weiße Grabmale voller Unreinheiten errichten.

Die Gesetze der Partnerschaft, wie sie von der esoterischen Philosophie verstanden werden, umfassen wesentlich mehr als nur die physische Vereinigung, indem sie die sieben Körper des Menschen und die Sexualität oder Polarität auf jeder der sieben Ebenen entsprechend ihrer jeweiligen Bedingungen erkennen. Die esoterische Philosophie lehrt daher, daß ein Mensch nur eine unvollständige Vereinigung schließt, wenn nicht jeder seiner Körper, der einen aktiven Zustand erreicht hat, seinen Partner findet, und daß er andernfalls seinen sexuellen Hunger behält und weiter nach einem Partner sucht.

Es sind jedoch nicht alle Menschen gleich weit entwikkelt. Heutzutage sind beim Durchschnittsmenschen nur die ersten drei Körper fähig, einen Partner zu finden – das physische Gefäß, der Körper der Instinkte und der Körper der Emotionen; das bedeutet, daß er zu körperlicher Begegnung fähig ist, zu instinktiven Lustgefühlen und zu zärtlicher Zuneigung zu seinem Partner, daß er jedoch wenig Vorstellung von intellektueller Gemeinschaft hat. Ein höher entwickelter Mann aber wird, wenn sein mentaler Körper in Funktion ist, dieses letztere Ideal haben und wird sich eine Frau suchen, die ein dem seinen entsprechendes lebendiges Interesse hat; auf der anderen Seite wird ein weniger entwickelter Mann von seiner Partnerin nur die Befriedigung seiner Sinne verlangen und ihr gegenüber ziemlich indifferent sein, nachdem seine Leidenschaften befriedigt sind.

Daraus kann man erkennen, daß sich eine Katastrophe ereignen wird, wenn ein Mann mit drei in Funktion befindlichen Körpern, der zu zärtlichen Neigungen fähig ist, eine Frau heiratet, die nur zwei in Funktion befindliche Körper hat und mit der Ehe keine Vorstellungen verbindet, die über Leidenschaft und physische Befriedigung hinausgehen; auch falls er, mit vier in Funktion befindlichen Körpern, eine Frau heiratet, die nur lieben und ihm nicht auch eine Gefährtin sein kann, wird Leid daraus entstehen. Die Frau wird alles von ihrem Mann erhalten, was sie wünscht, denn sie erfüllt die Kapazität der ihr zugänglichen drei Ebenen, doch sein mentaler Körper wird partnerlos sein und mit Sicherheit nach einer Partnerin suchen, die er vielleicht in einer intellektuellen Frau finden wird, die fähig ist, auch auf der Vierten Ebene zu wirken. Daraus entsteht dann eine jener platonischen Freundschaften, die instinktiv jeden mißtrauisch macht, der jedoch niemand vorwerfen kann, daß sie irgendwie gegen die Gesetze der Moral verstößt.

Man wird feststellen, daß, wie treu auch immer ein Mann seiner Frau in Wille und Tat sein mag, seine Vereinigung mit einer anderen auf der Vierten Ebene den Fluß des Lebensstroms ablenkt, so daß er über die Vierte Ebene kurzgeschlossen wird. Anstatt daß die Energie durch die Gefäße dieses Mannes weiter nach unten fließt, bis sie mit Hilfe der Fortpflanzungsorgane wieder in Vervollständigung des Kreislaufs zum Göttlichen zurückkehrt, wenn er sich physisch mit seiner Gattin vereinigt, wird sie in Form intellektueller Energie zu seiner intellektuellen Gefährtin fließen. Seine Gefühle gegenüber seiner Frau werden so leer sein wie ein Flußbett unterhalb der geschlossenen Schleusentore, die das Wasser in eine andere Richtung gelenkt haben.

Es wird sich herausstellen müssen, ob die moralische Haltung der platonischen Freunde erreichen kann, daß der Strom in seinem vorgesehenen Bett bleibt, oder ob sie unter dem Druck des lebendigen Universums, das nach Ausdruck sucht, von ihrem Platonismus abweichen. Wenn ihre Moral nachgibt, werden die Lebenskräfte alle Grenzen durchbrechen und, dem Weg des natürlichen Flusses folgend, durch die emotionellen und leidenschaftlichen Gefäße hinabfließen, bis sie das Physische erreichen. Erst dann und nicht vorher wird schließlich geschehen, was juristisch als Fehlverhalten betrachtet wird.

Wir wollen jetzt den Fall eines hoch entwickelten Mannes annehmen, der eine Partnerin sucht und die idealen Bedingungen für diese Vereinigung darlegen. Zunächst wird er bedenken müssen, daß seine verschiedenen Körper mit unterschiedlichem Alter ihre Reife erlangen. Der physische Körper ist bei seiner Geburt in allen Teilen vollständig; der Körper der Leidenschaften beginnt erst in der Pubertät zu funktionieren, die auch die Vollendung des Körpers der Leidenschaften bezeichnet; die zärtlichen Gefühle entwickeln sich vor dem zwanzigsten Lebensjahr und der konkrete, mentale Körper während der Zwanziger. Manche esoterischen Lehren verwenden eine strenge Siebenereinteilung, doch Menschen sind in ihrer Entwicklung unterschiedlich, und die obengenannte grobe Einteilung ist wohl ausreichend. Das abstrakte Denken entwickelt sich in den Dreißigern, und die spirituelle Natur wird erst in den späten Vierzigern ihre volle Entfaltung erreicht haben. Daher sollte ein hochentwickelter Mensch mit der Partnersuche warten, bis sein Leben etwas fortgeschritten ist, da er erst dann sehen kann, welchen Weg seine Entwicklung nimmt.

Viele Menschen werden unglücklicherweise durch die Aktivität ihres Lustkörpers in eine dauerhafte Verbindung getrieben und nehmen Zuflucht zur Ehe mit der ersten verfügbaren Person des anderen Geschlechts als einzigem Mittel, ihren nagenden Lüsten Erleichterung zu verschaffen. Andere hastige Menschen halten das Wogen der Emotionen irrtümlich für ein *Bindung* von wahrer Einheit, ohne sich schon der Möglichkeiten ihrer Natur bewußt zu sein, die sich vielleicht nach der Heirat noch weiterentwickelt. Es ist schön für ein Ehepaar, wenn das Wachstum der Partner gleichmäßig und gleichzeitig stattfindet. Sie werden im Eheleben in dem Maße die Vertiefung und Bereicherung ihrer Liebe erleben, wie Körper für Körper in Funktion tritt und innerhalb seines so bis zum Himmel hinaufreichenden Heims seinen Partner findet. Sollte jedoch im Gegenteil einer der Partner seine volle Größe erreicht haben, während der andere noch zu weiterem Wachstum fähig ist, wird die glücklich begonnene Ehe in Kompromiß oder Versagen enden, da der höher entwickelte von beiden Bedürfnisse entwickeln wird, die der andere nicht verstehen oder nicht befriedigen kann.

In der vollendeten Ehe jedoch erlebt das Paar die Partnerfindung eines jeden höheren Körpers, sowie er in Aktion tritt, und erfährt jedes Mal neue Tiefen der Liebe. Die körperliche Vereinigung in gegenseitiger Lust wird ihrem Nervensystem Harmonie und Ruhe geben; die Liebe wird Wünsche und Ziele zu einem verbinden und die Persönlichkeiten miteinander verknüpfen; das Erwerben eines gemeinsamen Wissensfundus wird die Kameradschaft vergrößern; der Glaube an ähnliche Ideen und Prinzipien führt ihr Leben auf den gleichen Weg; spirituelle Ziele und Ideale der gleichen Größenordnung vervollständigen ihre Einheit; bis schließlich, wenn das Bewußtsein zur Höhe des reinen Geistes emporgestiegen ist, die so zwischen zwei Seelen entstandene reine Liebe alle Begrenzungen übersteigen und das ganze Universum in den Bund ihrer Einheit einbeziehen wird. Wenn dies erreicht ist, wird sich, so sagen die esoterischen Philosophen, der höchste Stimulus, der von der physischen Ebene ausgehen kann, auf die Evolution auswirken. Jene beiden, die so auf allen Ebenen verbunden sind, »treten in das Licht ein und gehen nicht wieder« als getrennte Wesen daraus hervor, sondern werden zu einem einzigen Individuum mit einer zweiseitigen Natur, in sich selbst vollendet und sich selbst erfüllend. Solche Wesen jedoch sind in eine höhere Ordnung des Lebens eingetreten, als es unser Leben ist, und sind durch unsere Sinne nicht erkennbar.

16. Die Gesetze der Partnerschaft auf jeder Ebene

Die Partnerschaft auf den jeweiligen Ebenen steht im Zusammenhang mit dem augenblicklichen Zustand ihrer Substanz; so hängt die Vereinigung auf der physischen Ebene vom Zusammenschließen der Fortpflanzungsorgane und vom Eintreten des männlichen Sekrets in das weibliche Aufnahmeorgan ab.

Auf der Zweiten Ebene spricht man von erfolgter Vereinigung, wenn beide Partner beieinander Lustgefühle hervorgerufen haben und ein Mann »ein Weib angesehen hat, um sie zu begehren«, und wenn sie die gleiche Leidenschaft ihm gegenüber erfährt.

Auf der Dritten Ebene hängt die Vereinigung von emotionaler Sympathie ab, und auf der Vierten Ebene von einem gemeinsamen Verstehen von Bewußtsein und Interessen.

Auf der Fünften Ebene bestimmt intellektuelle Sympathie die Vereinigung, und auf der Sechsten Ebene sind es gemeinsame spirituelle Ideale.

Auf der Siebten Ebene sind Alle Eins und Eins ist Alles; keine nähere Einheit ist möglich als jene, die vom

Beginn der Manifestation an bestanden hat.

Eine Besonderheit dieser vielfältigen Vereinigung besteht in der Tatsache, daß sich auf bestimmten Ebenen Gleiches mit Gleichem verbindet und daß sich auf anderen Ebenen Gegensätze anziehen; im ersten Falle steigern sich die Einheiten gegenseitig, und im zweiten ergänzen sie sich.

Auf der Ersten Ebene ziehen sich Gegensätze an, indem jeder von der körperlichen Andersartigkeit des anderen gefesselt ist. Auf der Zweiten Ebene hängt die Anziehung von der gegenseitigen Erregung der gleichen Leidenschaft ab, das heißt, hier wird Gleiches von Gleichem angezogen. Auf der Dritten Ebene macht wieder der Unterschied die Anziehung aus, indem jene, die viel Liebe zu geben haben zu jenen hingezogen werden, die Liebe brauchen; hier verlangt der Beschützerinstinkt einen Partner, der sich anlehnt und nach Zärtlichkeit verlangt, während jene, die die Zuwendung der Liebe suchen, das Mitgefühl und den Schutz ihres Partners brauchen.

Auf der Ebene des konkreten Denkens bestimmt die entsprechende Menge an Bewußtheit die Sympathie, so daß diejenigen, die sich für die gleichen Dinge interessieren, viele Gemeinsamkeiten finden; dagegen sind auf der Ebene des abstrakten Denkens diejenigen die besten Partner, die ihre intellektuellen Probleme auf unterschiedliche Arten angehen, wobei der kritische die Gegenkraft zum imaginativen bildet, während der deduktive den induktiven anregt.

Auf der Sechsten Ebene hängt die Partnerschaft von der Farbe des Strahls ab, indem sich jeweils Seelen vom gleichen spirituellen Typ als Partner finden, während eine Einheit zwischen Seelen auf unterschiedlichen Strahlen unmöglich ist.

Nun heißt es in der esoterischen Wissenschaft, daß Partnerschaft auf jeder Ebene von deren augenblicklicher Aktivität abhängt, und daß Individuen nur so lange eine Einheit sind, wie sie in der Polarität wirken; wenn die *Verbindung* endet, endet auch die Partnerschaft. Man darf daher Partnerschaft nicht mit Ehe verwechseln, die eine juristische Verbindung ist und in ihrer Gültigkeit von den Gesetzen der Rechtsnormen abhängt und nicht von ihrer eigentlichen Funktion. Die Ehe ist ein Vertrag zwischen Mann und Frau auf der einen Seite und dem Kind auf der anderen Seite, das wird in einem eigenen Kapitel besprochen werden; dies Konzept der Ehe wird hier nur erwähnt, um den Unterschied zwischen Ehe und Partnerschaft, wie der Esoteriker ihn versteht, zu erklären.

Die Partnerschaft dauert auf der physischen Ebene nur während der wenigen Augenblicke des Geschlechtsverkehrs an, er kann mit jedem Mitglied des anderen Geschlechts innerhalb der Art stattfinden.

Auf der Zweiten Ebene dauert die Partnerschaft so lange, wie die Leidenschaft anhält – das bedeutet, nur während der fortpflanzungsfähigen Zeit oder so lange noch Lust vorhanden ist.

Körper auf der Dritten Ebene sind für die Dauer ihrer

Zuneigung vereinigt.

Sollte der Körper der Vierten Ebene, der mit der Entwicklung von Bewußtsein während einer Inkarnation zufrieden ist, einen Partner finden, wird diese Partnerschaft während der ganzen Inkarnation andauern, und nur der Tod kann sie aufheben.

Wenn sich jedoch die Partnerschaft auch auf die Fünfte Ebene, zwischen Menschen gleicher Ideale und Prinzipien, ausdehnt, hat sie die Sphäre der Individualität erreicht, die eine Evolution lang andauert, und für die Dauer dieser Evolution wird der Bund bestehen bleiben, indem die Seelen in Leben auf Leben aufeinander warten, einander wiederfinden und jenes wunderbare Band knüpfen, das, wenn es einmal besteht, sie von den gegenüberliegenden Seiten der Erde zueinanderbringt und alle anderen Ketten durchbricht.

Wenn die Einheit auch auf der spirituellen Ebene besteht, wird das Paar wirklich eines in jeder Beziehung und »betritt das Licht und kehrt nicht mehr zurück«.

Hieraus kann man erkennen, daß die Vorstellung des Esoterikers von Partnerschaft sich von derjenigen der Allgemeinheit deutlich unterscheidet. Er erklärt Partnerschaft zu einer Sache der augenblicklichen Aktivität, die endet, wenn die Aktivität endet. Sollte sich andererseits die Partnerschaft auch auf die physische Ebene ausdehnen, muß immer die Möglichkeit der daraus entspringenden Nachkommenschaft berücksichtigt werden, denn ein Kind in die Welt zu setzen, für das es kein Heim gibt, ist immer eine Grausamkeit dem Kind gegenüber.

Die Kirche, die in vielen Fällen von Männern geführt wurde, die eine große Hellsichtigkeit hatten, wußte, daß wenn eine wirkliche spirituelle Verbindung vorkam, diese unzerbrechlich und von sakramentaler Natur war, und sie erhielt dieses Ideal als Standard für die christliche Ehe. Die Lehren der Kirche sind wirklich auf die Einheit von Individuen anwendbar und beschreiben richtig deren Verhältnisse, doch was soll man zu einer Einheit sagen, die nur die unteren Ebenen der Persönlichkeit betrifft? Dies ist in keiner Weise eine sakramentale Einheit, sondern nur die Befriedigung eines körperlichen Bedürfnisses oder einer instinktiven Lust, und sollte eher vom Standpunkt der Gesundheitslehre als von der Theologie aus betrachtet werden.

Die Kirche, heute von Männern geführt, die von der Quelle der Inspiration weiter entfernt sind als die frühen Kirchenväter, differenziert nicht zwischen den zwei Arten von Vereinigung, sondern setzt ohne Unterschied die höchsten Ideale an, womit sie demjenigen den sakramentalen Segen gibt, was von nicht höherer Natur ist als die Paarung von Tieren, und womit sie vom sterblichen Lehm verlangt, was nur der Geist erbringen kann. Wäre die Kirche mit ihrem Segen sparsamer und weniger anspruchsvoll in ihren Forderungen, besonders denjenigen gegenüber, die nicht zu ihrer Gemeinde gehören, würde uns viel soziale Verwirrung erspart bleiben.

Keiner kennt besser als der Esoteriker die unlösbare Natur einer sakramentalen Vereinigung, doch er bleibt dabei, daß eine solche Einheit nur zwischen Individuen stattfinden kann, die eine Evolution lang andauern. In dieser Beziehung geht er sogar weiter als die Kirche, wenn er behauptet, daß eine solche Einheit nicht einmal durch den Tod gebrochen wird. Die Haltung der Kirche ist in dieser Sache unlogisch, denn wenn zwei Wesen durch ein Sakrament verbunden sind, muß ihre Einheit, wenn sie unsterblich sind, ihre ganze Unsterblichkeit lang andauern, und der Tod des Körpers des einen Partners würde das Band nicht verletzen.

Die Wahrheit der Esoteriker heißt in diesem Fall, daß die Vereinigung von Individuen sakramental und unlöslich ist, aber daß die Vereinigung von Persönlichkeiten oder irgendeines ihrer Stadien nur so lange andauert, wie die entsprechende Ebene aktiv ist. Die Tatsache jedoch, daß eine solche Vereinigung die Gefäße erzeugt, die zur Reinkarnation von Seelen nötig sind, verkompliziert die ganze Sache, die ansonsten recht einfach gewesen wäre; die Rechte von Kindern lassen sich mit den Rechten der Eltern nicht vereinbaren und sind, vom Standpunkt des Menschengeschlechts aus, übergeordnet.

17. Die esoterische Lehre von den »Zwillingsseelen«

Allen Beobachtern der menschlichen Natur ist bekannt, daß bestimmte Menscnen »beieinander die besten Eigenschaften zum Vorschein bringen«; daß, wenn sie zusammen sind, beide aufblühen und größere Entwicklungsmöglichkeiten für sie erreichbar scheinen, als sie allein hätten erreichen können, während sie gleichzeitig von einer wunderbaren Freude und Ausstrahlung umgeben sind. Wenn sie voneinander getrennt werden, lassen sie die Köpfe hängen und scheinen zu welken, und obwohl der Trennungsschmerz mit der Zeit geringer wird, erhebt sich allein keine der beiden Seelen zu ihrer vollen Größe. Es mag vielleicht kein Grübeln über die Vergangenheit voller Jammer und Selbstmitleid geben, keine morbide Verweigerung, das Interesse auf neue Dinge zu lenken, doch man hat das deutliche Gefühl, daß dieses Leben unterhalb seines normalen Niveaus gelebt wird.

Solche Menschen können vielleicht sogar die Vorstellung haben, daß sie nicht zwei unterschiedliche Einheiten, sondern zwei Hälften eines Ganzen sind. Die große Sympathie und dichte *Verbindung* zwischen zwei solchen

Seelen bewirkt, daß jede Stimmung vom anderen reflektiert wird, so daß das Leid des einen beide in Sorge versetzt und Freude beide gleichermaßen erheitert.

Diese Verhältnisse sind allgemein bekannt, und die Hoffnung, auch einen solchen Zustand zu erreichen, ist in jedem Herzen verborgen; wie sehr auch immer die Erfahrung zeigen mag, wie unwahrscheinlich das ist, erhebt sich die Hoffnung doch immer wieder, so tief ist sie im Instinkt verankert; doch obwohl diese Hoffnung allgemein besteht, ist ihre Verwirklichung doch sehr selten, denn die völligen Einheit mit einem anderen erfordert völlige Selbstverleugnung, und es gibt nur wenige Seelen, die zu dieser Selbstlosigkeit fähig sind. Für eine solche Einheit müssen sich zwei gleichermaßen selbstlose Seelen verbinden, es ist nicht genug, daß die eine alles gibt und die andere nur nimmt. Es ist nicht einmal genug, daß beide alles geben, jeder muß geben, was der andere braucht, sonst ist das Opfer wertlos, hierin liegt auch der Schlüssel zu vielen Problemen der unerwiderten Liebe.

Gute Kameradschaft ist das Beste, was die meisten Männer und Frauen erwarten können, wenn die Hitze der Leidenschaft durch Gewohnheit und Abnehmen der körperlichen Schönheit abgekühlt ist; und obwohl eine solche Kameradschaft zu den edelsten und schönsten Dingen auf Erden gehört, entspricht sie doch nicht jener näheren Begegnung, die hier gemeint ist. Die Allgemeinheit ist sich dessen durchaus bewußt und hat solche Partner als »Zwillingsseelen« bezeichnet, da sie weiß, daß ein solches Band, so schön und tief wie es ist, weit über das hinausgeht, was man als Liebe zwischen Ehepartnern kennt. Das enge und lebenslange Band der ehelichen Liebe, für deren Feuer die Leidenschaft junger Liebender nur der Zündfunke ist, erwächst aus tausenden gegenseitiger Bedürfnisse, Zärtlichkeiten, Erinnerungen und Sympathien, die sich aus der Gemeinschaft ergeben; jene andere Liebe kennt kein Wachsen, denn sie kommt völlig ausgebildet ins Leben und überschreitet alle anderen Verbindungen oder, falls die Verbindungen beibehalten werden, zerbricht die Seele.

Ein so starkes Band, dessen Reife von Anfang an zu erkennen ist, kann man nicht als Geburt von etwas Neuem betrachten, es ist wohl mehr die Reinkarnation einer Leidenschaft, die schon in vergangenen Leben entwickelt wurde; obwohl das Bewußtsein nichts davon weiß, erinnert sich das Unterbewußte und verlangt nach seinem Partner.

Das Phänomen dieser Liebe im physischen Dasein ist extrem selten, obwohl normale Leidenschaft oder plötzliche emotionelle Sympathie von den sie betreffenden Seelen leicht für etwas gehalten werden, was über der Wirklichkeit steht. Individuen einer niederen Entwicklungsstufe, und solche verfallen am leichtesten in plötzliche und unkontrollierbare Leidenschaften, sind zu selbstbezogen und zu sehr an ihre eigenen Grenzen und Gelüste gebunden, um zu einer andauernden und harmonischen Einheit mit irgendeinem anderen Wesen fähig zu sein, in noch geringerem Maße können sie das Ideal völliger Selbstlosigkeit und Unterordnung verwirklichen, was notwendig ist, um einen anderen wirklich wie das eigene Selbst zu behandeln. Sie haben als Gegenleistung für die Befriedigung ihrer hungrigen Gelüste nur wenig zu geben, und falls einer versucht, diese in den Griff zu bekommen, wird er dieser wenig lohnenden Aufgabe schnell müde.

Die große Mehrheit der Menschen sind zu einer völlig harmonischen und befriedigenden Vereinigung mit jedem anderen Menschen einer bestimmten Art fähig, oder, um es in der Sprache der esoterischen Wissenschaft auszudrücken, mit jedem, der sich auf demselben Strahl befindet wie sie. Wie in einem der vorangehenden Kapitel festgestellt, kann spirituelle Partnerschaft nur zwischen solchen Menschen stattfinden, die von derselben Strahlenfarbe sind, doch wann immer wir einem Menschen von unserem eigenen Strahl begegnen, entsteht ein Gefühl grundlegender Harmonie, denn die Stellung in der Evolution und die spirituellen Qualitäten sind dieselben, seien sie nun hoch entwickelt oder nur rudimentär vorhanden. Nur auf grundlegender Harmonie kann eine andauernde und befriedigende Einheit aufgebaut werden; es ist sinnlos zu erwarten, daß die Entwicklung eine Verbindung festigen wird, wenn sich genau diese Entwicklung in unterschiedliche Richtungen bewegt. Wenn ein Mann sein Leben einer militärischen Karriere widmet und darin zu Rang und Würden gelangt, ist es unwahrscheinlich, daß er dadurch seiner Frau näherkommt, wenn sie ihr Leben der Sache des Friedens zwischen den

Nationen gewidmet hat.

Jede Person, die ausreichend entwickelt ist, um zur Entwicklung eines Ideals fähig zu sein und diesem entgegenzustreben, muß bei der Partnersuche auf die Strahlenfarbe achten (erkennbar aus der Art des Idealismus), obwohl die weniger entwickelten Typen, deren Ideale nicht über die eigenen Interessen hinausgehen, einen Partner auf der Basis gegenseitiger Leidenschaft und physischer Anziehung finden können und darin genausoviel Befriedigung erlangen, wie sie aus einer Vereinigung erhalten können.

Man kann also feststellen, daß, obwohl die esoterische Wissenschaft von der Existenz von »Zwillingsseelen« ausgeht, dies nicht bedeutet, daß jeder Fall von plötzlicher und heftiger Leidenschaft eine solche unlösbare Einheit darstellt; sie kann genau das sein, was ihr Name aussagt: Leidenschaft und nicht mehr, die genausoschnell wieder vergeht, wie sie entstanden ist, und die sich bei Anregung durch ein neues Objekt wiederholen kann. Die esoterische Wissenschaft würde auch nicht behaupten, daß die Begegnung von »Zwillingsseelen«, selbst wenn wirklich ein solches Band zwischen ihnen existieren sollte, eine Rechtfertigung dafür sein kann, bestehende Verpflichtungen nicht einzuhalten; auch wenn unsere Scheidungsgesetze vielleicht wenig Bezug sowohl zu den Tatsachen des menschlichen Lebens als auch zu den kosmischen Gesetzmäßigkeiten haben mögen, zieht ihr Bruch doch die Verfolgung durch die Gesellschaft nach sich, und Leid über eine unschuldige

Person zu bringen, führt nicht auf den Weg zur Erleuchtung. Der Esoteriker würde eher meinen, daß, da ein einzelnes Leben nur ein Stadium in der Reise der Seele durch die Evolution ist, wir besser daran tun, einen kurzen Tag unserer Existenz zur ehrenvollen Erfüllung eines Vertrages zu opfern, so daß zukünftige Leben frei von vergangener Schuld sein können und die große Liebe in Harmonie erreicht wird.

18. Die verschiedenen Arten von Verbindungen zwischen Seelen

DAS KARMISCHE BAND

Die esoterische Wissenschaft kennt zwei Arten von Verbindungen, die Seelen zueinanderbringen und in einem gemeinsamen Schicksal verquicken können. Diese aneinanderknüpfenden Bindungen, die auf den inneren Ebenen entstehen, wo unsichtbare Ursachen wirken, müssen sorgfältig von der gegenseitigen Anziehung unterschieden werden, die auf der Ebene der Wirkungen entsteht und durch die physischen Sinne erkennbar ist.

Die am weitesten verbreitete Art von Bindung ist als »karmisches Band« bekannt. Der Begriff karmisch (Adjektiv von Karma) ist aus den östlichen esoterischen Lehren entlehnt, und wird der Einfachheit halber verwendet, um die guten und bösen Kräfte zu bezeichnen, die in vorangegangenen Inkarnationen ausgelöst worden sind. Es gibt keinen vergleichbaren deutschen Ausdruck; das Wort Schicksal, seine nächste Entsprechung, bezeichnet, besonders in seiner adjektivischen Form, nur noch eine böse Kraft.

Das karmische Band zwischen zwei Seelen wurzelt in Anziehungskräften aus früheren Leben. Auf jeder der sechs Ebenen des individualisierten Seins kann es Anziehungskräfte geben, die in ihrer Art der jeweiligen Ebene entsprechen. Die Anziehungskräfte, die auf der Ersten oder physischen Ebene wirken, sind eine reine Sache der Körperlichkeit. Die Schwerkraft, kapillare Kräfte, Absorption und ähnliche Prozesse finden auf den Unterebenen der dichten Materie statt; magnetische Anziehung, chemische Affinitäten usw. manifestieren sich auf den ätherischen Unterebenen unserer Welt. Emotionale Anziehung gibt es nicht unterhalb der zweiten Ebene, wo sie sich im Drang der Instinkte auswirkt, das heißt, es gibt kein Band, das durch reine körperliche Nähe entsteht; emotionelle Aktion und Reaktion müssen vor der Entstehung einer jeden Verbindung stattfinden.

Die Reaktion ist das Wesentliche an einer solchen Verbindung. Die Tatsache, daß eine Person sich zu einer anderen hingezogen fühlt, verbindet die beiden nicht miteinander. Nur wenn das Objekt dieses Gefühls darauf reagiert, entsteht eine Verbindung, denn dann hat diese Person die Kraft, die von der anderen ausgeht, sozusagen in sich aufgenommen und bildet so eine substantielle Kontinuität, allerdings nur eine ätherische. Mit Hilfe dieses unsichtbaren Bandes wird im praktischen Okkultismus, sowohl der schwarzen als auch der weißen Art, die meiste Arbeit geleistet.

Wenn eine Person eine andere liebt und diese Liebe erwidert wird, bildet sich eine Verbindung; wenn eine

Person eine andere liebt, und die Liebe wird durch Haß, Vorwürfe, Ablehnung oder irgendeine Form von Abneigung oder Unfreundlichkeit erwidert, entsteht auch eine Verbindung, und für den Rest ihrer Inkarnation werden diese *Bindungen* ihre Leben beeinflussen, in einer Bindungsstärke, die proportional zu den empfundenen Gefühlen ist. Nur völlige Gleichgültigkeit verhindert die Entstehung einer Verbindung, jede Gefühlsreaktion bewirkt eine *Bindung*.

Eine Aktion und die darauf antwortende Reaktion läßt auf jeder Ebene eine *Bindung* entstehen, seien es die Instinkte, die auf der Zweiten Ebene geweckt werden, oder die Gefühle auf der Dritten, die Beziehungen zwischen Lehrer und Schüler oder Kommilitone auf den Ebenen des Denkens, oder zwischen Priester, spirituellem Führer oder Glaubensbruder auf der sechsten Ebene. Auf welcher Ebene auch immer eine Aktion und eine Reaktion stattfinden, immer wird eine Verbindung zwischen den zwei agierenden Einheiten geschaffen.

Diese Verbindungen können das intimste Verhältnis begründen oder ein vorübergehender Kontakt sein, den die Betroffenen sofort vergessen, doch so lange es irgendein Gefühl gibt, das in einem Verhältnis zur Erinnerung steht, bleibt die *Bindung* erhalten. Sollte eine bestimmte Emotion einer Person gegenüber zum Zeitpunkt des Todes immer noch existieren, wird diese Emotion, da sie in dem subjektiven Zustand, der auf den Tod folgt, keine Befriedigung findet, bewahrt, bis, nachdem in einer neuen Inkarnation die objektive Existenz wieder aufgenommen worden ist, die Bedingungen zu ihrem Ausdruck wieder gegeben sind. *Es ist diese unverbrauchte Emotion, die das karmische Band bildet;* und obwohl sie Hunderte von Jahren wartet, wenn man die Zeit in Erdumdrehungen rechnet, verliert sie nichts von ihrer Kraft, sondern reagiert auf dieselben Objekte, die sie anfangs hervorgerufen haben, wann immer diese Objekte wieder verfügbar sind. So entsteht die plötzliche »Liebe auf den ersten Blick« und das Gefühl von Verständnis und Nähe, das »Zwillingsseelen« erleben.

Jede Erneuerung eines karmischen Bandes erhöht seine Stärke, und obwohl es als rein fleischliche Anziehung in der Kindheit der Abstammung begonnen haben mag, wird doch, so wie Körper um Körper im Laufe der Evolution zu wirken beginnt, die *Bindung* von einem zum anderen weitergehen, bis eine große spirituelle Partnerschaft erreicht ist. Wenn es den Körpern des Paares jedoch nicht gelingt, sich gleichzeitig zu entwikkeln, wird ein starkes Band auf den tieferen Ebenen bestehen, und das höhere Selbst des fortgeschritteneren Individuums bleibt partnerlos und unbefriedigt, haßt möglicherweise die Erwiderung der eigenen tieferen Natur auf eine erniedrigende Anziehungskraft und ist doch nicht fähig, sich davon zu befreien. In einer solchen unangenehmen Lage droht Gefahr und Leid, und oft entstehen daraus jene Tragödien der Leidenschaft und des Verbrechens, die in allen historischen Zeitaltern das Vorhandensein primitiver Kräfte bezeugen, und die die Zivilisation zu kontrollieren versucht.

Ein karmisches Band entwickelt jedoch nur dann große Stärke, wenn alle Kräfte in einem Wesen mit großer Intensität des Gefühls auf ein einziges Objekt konzentriert sind. Dies geschieht vergleichsweise selten, wenn nicht die Bedürfnisse unter tragischen Umständen unterbrochen werden. Eine erfüllte Leidenschaft schläft gewöhnlich den Schlaf der Erfüllung; doch wenn die Liebenden getrennt werden, sei es durch die Umstände oder den Tod, dann bleibt die unerfüllte Liebe auf der dritten Ebene als Band, das lange Zeit durch den Tod des Körpers unberührt bleibt. Wenn die Trennung durch den Tod erfolgt, und wenn der Überlebende, entweder im Schlaf, wie es oft vorkommt, oder mit Hilfe geistiger Entwicklung, Bewußtheit auf der Dritten Ebene erlangt, und sei es nur für einen Augenblick, dann wird das darauf bestehende Band die beiden Seelen wieder in Kontakt zueinander bringen. Dies ist der richtige Weg der Kommunikation mit den Abgeschiedenen: die Bewußtheit so zu erhöhen, daß wir uns ihres Stadiums der Existenz bewußt werden, nicht, sie mit Hilfe eines Mediums zum Bewußtsein unserer weltlichen Verhältnisse herunterzuziehen ... Ein Medium sollte nur verwendet werden, wenn es sich um eine Seele handelt, die an die Erde gebunden ist und die sich nicht in ihre eigentliche Sphäre begeben kann, und dann auch nur mit der Absicht, sie zu befreien.

Die Dritte Ebene ist jene Sphäre der Existenz, die in der spirituellen Literatur als die himmlische Welt bezeichnet wird; doch bevor die scheidende Seele, von ihrem Körper befreit, dieses Stadium erreichen kann, muß sie durch eine als Purgatorium bezeichnete Existenzphase auf der Zweiten Ebene gehen, wo die Schulden des Bösen bezahlt werden, die als Leid aus der subjektiven Verwirklichung entstanden sind; dadurch wird das Gleichgewicht des Schicksals wiederhergestellt. Wenn die Seele einmal frei ist von den dämpfenden Einflüssen des physischen Körpers, dann werden alle höheren Kräfte zunehmend fühlbar, und obwohl der Neuankömmling nicht über seine eigene Ebene des Seins hinausgehen kann, bevor nicht seine Schulden getilgt sind, kann doch eine fortgeschrittenere Seele, wenn sie ausreichend entwickelt ist, für kurze Zeitspannen in telepathischen Kontakt mit ihm treten, und ihm so Hilfe und Trost auf dem härtesten Stück der Todesreise geben. Sobald sich die Seele des Neuankömmlings über ihre purgatorische Erfahrung erhoben hat, tritt sie in die »himmlische Welt« ein und befindet sich dann in etwa auf der gleichen Ebene wie ihr Partner. Jetzt trennt sie keine Grenze im unterschiedlichen Stadium des Seins mehr, das Band der Liebe bewirkt die ihm eigene Anziehung und bringt sie einander nahe; nun können sie den Rest ihrer Zeit zwischen den Inkarnationen gemeinsam verbringen. Das Band zwischen ihnen wird vermutlich bewirken, daß sie zu gleicher Zeit und unter ähnlichen Umständen wieder inkarniert werden, und wenn sie einander dann begegnen, geschieht jenes seltsame Aufbrausen der unterbewußten Erinnerung, das für jene so unverständlich ist, deren Philosophie nicht über ein einziges Leben auf einer einzigen Ebene hinausgeht, das jedoch mit Hilfe der esoterischen Lehren so einfach zu erklären ist.

Wenn zwei Seelen Leben für Leben auf diese Art zueinander gezogen werden, sich in jedem Leben lieben und begleiten und zunehmend alle anderen Anziehungskräfte meiden, dann wird das so entstandene Band sehr stark. Das geschieht jedoch nur selten. Es erfordert nicht viele Inkarnationen, zusammen mit den langen Phasen ohne Körper, die dazwischenliegen, um zurück in jene Zeitalter zu gelangen, wo die menschliche Zivilisation noch in den Kinderschuhen steckte und keine Einheiten entstanden, die über die Zweite Ebene hinausgingen. Wie ja wohlbekannt ist, entstehen Einheiten auf den unteren Ebenen sehr leicht und sind ohne große Dauer, so daß eine Seele sogar im Lauf einer einzigen Inkarnation mehrere Verbindungen dieser Art geschlossen haben kann, besonders in Kulturen, wo es Vielehen gab. Eine jede dieser Verbindungen wird möglicherweise eine ihrer Intensitätsstärke entsprechende Zugkraft auf jener Ebene ausüben, auf der sie stattgefunden hat, so daß eine Seele, die solche Verbindungen eingegangen ist, und bei wenigen ist das nicht der Fall, durch die Bänder, die sie in ihren Verbindungen geknüpft hat, in verschiedene Richtungen gezogen wird.

Wir wollen den Fortschritt einer Seele durch die Evolution, manchmal in einem männlichen, manchmal in einem weiblichen Körper, verfolgen. In den früheren Stadien der menschlichen Entwicklung fanden Verbindungen nur als Erwiderung auf den Antrieb der Instinkte statt, so wie das jetzt noch bei Tieren der Fall ist; dadurch waren nur zwei Körper betroffen, der physische Körper, durch dessen Hilfe die Vereinigung ausgeführt wurde, und der Triebkörper der Zweiten Ebene, der die Vereinigung hervorrief. Eine Vereinigung auf der Ersten Ebene kann mit jedem Wesen des anderen Geschlechts stattfinden, das zur gleichen Art gehört und das ein ausreichendes Alter erreicht hat; eine solche Vereinigung hinterläßt, da keine Gefühle beteiligt sind, keine Spuren. Verbindungen auf der Zweiten Ebene hängen von der gegenseitigen Erregung von Leidenschaft ab, und eine solche Erfahrung verändert die Seele dahingehend, daß sie das gleiche ohne weiteres wieder erfahren kann, wenn sie einem Wesen nochmals begegnet, das einmal ihre Erregung geteilt hat.

Doch obwohl diese Anziehung auf der Zweiten Ebene einen wilden Ausbruch von Leidenschaft bewirken kann, der beträchtliche Charakterstärke erfordert, wenn man ihn bewältigen will, ist sie doch gewöhnlich von kurzlebiger Natur; erst wenn eine Seele genügend entwickelt ist, um zu einer Vereinigung auf der Dritten Ebene fähig zu sein, wird ein Band entstehen, das über die Sinne hinausgeht und das den Charakter beeinflussen kann. Doch selbst hierbei können noch mehrere Verbindungen innerhalb einer Inkarnation geschlossen werden. Die esoterische Wissenschaft lehrt nicht, daß die Seelen als Zwillinge geschaffen werden, sondern daß sich ihre enge Verbindung im Laufe vieler Inkarnationen entwickelt;

und aus den vorhergehenden Abschnitten kann man leicht erkennen, daß die Seele von vielen Unbeständigkeiten betroffen werden kann, während sie sich noch in einem primitiven und unentwickelten Stadium ihrer Entwicklung befindet, und diese flüchtigen Verbindungen, die auf Betreiben der Instinkte hin – der einzigen Ratgeber, die ein Mensch auf einer primitiven Stufe besitzt – geschlossen werden, wirken gegeneinander und verhindern, daß irgendeine langfristige Verbindung geschlossen werden kann; erst durch Treue in vielen Leben ist es möglich, eine Einheit zu erreichen, die man als »Zwillingsseele« bezeichnen könnte.

Sollten jedoch zwei Seelen so stark zueinander hingezogen sein, daß es beiden möglich ist, den anderen trotz aller weiteren Bewerber zu halten, dann werden sie (vorausgesetzt sie sind nicht vom Typ her zu unterschiedlich), so wie Körper für Körper im Laufe der Evolution zu wirken beginnt, auch auf den höheren Ebenen ein Paar bilden, und werden jene wundervolle Einheit der Sympathie und des Verstehens, die so schön und selten ist, erreichen. Sollten die beiden Partner jedoch von unterschiedlichem spirituellem Typ sein, wird sich eine Tragödie ereignen, wenn die höheren Naturen zu wirken beginnen, und sie unter dem Einfluß unterschiedlicher Ideale auseinandertreiben. Alte Religionen wie der Katholizismus und das Judentum, deren Wurzeln tief in der esoterischen Überlieferung der Vergangenheit angesiedelt sind, wissen das und verbieten daher die Ehe von Partnern zweier verschiedener Konfessionen.

Aus den vorhergehenden Seiten sollte erkennbar sein, worin die Gefahr jener leichten und promiskuitiven Verbindungen liegt, die man im Volksmund als »sich die Hörner abstoßen« bezeichnet. Solche Verbindungen lassen *Bindungen* entstehen, die leichter eingegangen als gelöst werden können und die Schlingen legen für die zukünftigen Leben der Seele. Unter primitiven Völkern, die ein großes Wissen von praktischem Okkultismus haben, wird der Sexualmagie große Aufmerksamkeit geschenkt, einer der mächtigsten Formen von Magie, die es überhaupt gibt; und in vielen Teilen der Welt gibt es ein traditionelles Wissen von okkulten Methoden in Verbindung mit der Kenntnis aphrodisischer Drogen. Die Männer aus höheren Kulturen, die ihre Macht gegenüber Frauen primitiver Stämme mißbrauchen, stellen manchmal fest, daß sie sich in eine Verbindung begeben haben, die nicht so leicht zu lösen ist, und daß sie Kräften begegnen, deren Subtilität nur von Unannehmlichkeiten beglichen wird.

DAS KOSMISCHE BAND

Es gibt einen Aspekt in sexuellen Beziehungen, der sogar noch weniger verstanden wird als derjenige, der im letzten Kapitel beschrieben wurde. Das Band zwischen Seelen, das der Esoteriker als kosmisches Band bezeichnet, ist eines der tiefsten und stärksten und zugleich schönsten Geheimnisse der westlichen esoterischen Tradition. In der europäischen Kultur sind Frauen immer hoch bewertet worden, indem man davon ausging, daß, wenn die eine Hälfte der Bürger eines Landes weniger entwickelt wäre, das Niveau der Entwicklung des ganzen Volkes sinken würde. Die allgemeine Haltung der weißen Rasse wird in ihrer esoterischen Tradition gespiegelt, in der es heißt, daß Seelen, wenn sie in einem negativen oder weiblichen Gefäß inkarniert sind, nicht nur besondere Lehren erfahren, sondern auch besondere Fähigkeiten und der Zusammenarbeit von männlichen und weiblichen Kräften in jeder Arbeit, die auch den praktischen Okkultismus beinhaltet, wird die größte Wichtigkeit zugemessen. In vielen Logen ist es üblich, daß die Mitglieder zu gleichen Teilen aus beiden Geschlechtern bestehen, und es ist nicht erlaubt, daß die Vorherrschaft eines der beiden Geschlechter über ein bestimmtes Maß hinausgeht.

Indem er die Elektrizität als Kraft betrachtet, die große Ähnlichkeiten mit den unsichtbaren Kräften besitzt, die der sichtbaren Welt zugrunde liegen und ihre Verhältnisse bestimmen, weiß der Okkultist, daß jede Kraft nicht nur einen Ausgang aus dem Göttlichen braucht, sondern auch einen Weg zur Rückkehr; und er weiß auch, daß jedes Ding, das als Übermittler solcher Kräfte dient, einen positiven und einen negativen Aspekt haben muß. Das männliche Gefäß ist positiv und das weibliche negativ, und daher gilt für den praktischen Okkultisten, daß es für bestimmte Arten von Arbeit notwendig ist, daß sie in Partnerschaft oder Polarität ausgeführt wird, denn nur so kann ein Kreislauf entstehen und ein Strom kosmischer Kraft bewirkt werden.

Wie schon in einem vorausgehenden Kapitel erklärt wurde, sind die Gefäße, die den verschiedenen Ebenen entsprechen, in ihrem Verhältnis zueinander positiv und negativ. Die Individualität ist positiv im Verhältnis zur Persönlichkeit, die negativ gegenüber der höheren Potenz ihres größeren Selbst ist. Wenn ein Individuum ausreichend entwickelt ist, so daß jede der Ebenen seiner Individualität in Funktion befindlich ist und voll mit seinem Bewußtsein verbunden, dann kann es den Fluß und Rückfluß der kosmischen Kraft innerhalb seines eigenen Organismus bewirken und damit ein beträchtliches Maß an Macht und Erleuchtung erlangen. Zum Beispiel können die spirituellen Ideale und Ziele und die abstrakten Wahrnehmungen der Prinzipien des fünften und sechsten Gefäßes gebraucht werden, um die Aktivitäten der Persönlichkeit zu erwecken und zu erhellen.

Auf der anderen Seite ist es für den Gebrauch der größeren Fähigkeiten und der Operationen des höheren Okkultismus notwendig, daß ein Paar in der Polarität arbeitet; nur so können die großen kosmischen Spannungen erhalten werden, ohne daß die Gefahr der »Erdung« besteht, die allen praktischen Okkultisten so wohl bekannt ist. Ein Paar, das in dieser Weise arbeitet, eröffnet einen Kanal für die göttlichen Kräfte, die sie mit ungeheurer Macht durchströmen, und nicht nur sie selbst magnetisieren, sondern auch ihre nähere Umgebung. Durch dieses Mittel werden die Fähigkeiten jedes einzelnen gewaltig verstärkt, und ihre ganze Natur wird belebt und zur höchsten Vollendung ihrer Fähigkeiten gebracht. Wenn die höheren kosmischen Kräfte von einem Individuum herabgerufen werden, das nicht in Gemeinschaft mit einem anderen arbeitet, das ein geeigneter Kanal für die Rückkehr der Kräfte ist, ist es sehr wahrscheinlich, daß sie sich einen Rückweg schaffen durch irgendein leitendes Gefäß, das nahe genug herankommt, wobei der Abstand wie von einem elektrischen Funken übersprungen wird; und wenn das Individuum, das so eine Kraft empfängt, nicht stark genug ist, um die Spannung zu ertragen, wird die emotionelle Natur dieser Frau, metaphorisch ausgedrückt, durchbrennen, und es wird ein offener Kreislauf kosmischer Kräfte entstehen, der auch das positive oder männliche Gefäß durchbrennen läßt, die ganze nähere Umgebung verbrennt und den Kontakt mit den göttlichen Kräften abbricht. Jeder, der mit Kreisen bekannt ist, die an okkulten Studien interessiert sind, muß dieses Ereignis schon einmal beobachtet haben, denn es geschieht bei jenen häufig, die, obwohl sie nur teilweise eingeweiht sind, versuchen, mit den unbekannten Kräften umzugehen. Wie oft geschieht es, daß ein Lehrer und Initiator, der gute Arbeit leistet, alles aufgibt wegen einer Frau, die, seiner völlig unwürdig, ihn von seiner hohen Berufung herunterzieht; dies ist ein so häufiges Ereignis, daß jene, die das Wissen haben, äußerst vorsichtig sind, und das zu Recht, bevor sie sich als Schüler unter die Führung einer höheren Persönlichkeit begeben, wie groß auch der Nutzen sein mag, den er daraus gewinnen kann, denn die Macht eines Kurzschlusses auf der physischen Ebene ist nichts im Vergleich zu dem, was geschieht, wenn sich ein vergleichbarer Unfall bei dieser okkulten Arbeit ereignet.

Wenn diese Kräfte jedoch richtig verstanden und eingesetzt werden, kann man auch die höchste okkulte Arbeit sicher ausführen; nur weil nicht immer die Voraussetzungen für einen vollständigen Kreislauf gegeben sind, wird der Umgang mit gewissen Mächten zur gefährlichen Aufgabe; Geräte von der Art eines Blitzableiters müssen verwendet werden, und die sind nicht immer zuverlässig. Man darf nicht glauben, daß Okkultisten ausschweifend mit dem Thema Sexualität umgehen, oder daß sie sinnlicher sind als diejenigen ihrer Mitmenschen, die sich mit anderen Studien beschäftigen, doch da ihre Forschungen gerade die Grundlagen der menschlichen Natur betreffen, müssen sie die sexuellen Kräfte miteinbeziehen, sonst könnte es ihnen passieren, daß sie unerwartet von den Gezeiten erfaßt werden, die sie nicht beachtet haben. Okkultisten haben es mit den eigentlichen Kräften des Lebens zu tun, und ein Aspekt der Lebenskraft ist sicherlich die Sexualkraft. Wie schon in einem der vorangegangenen Kapitel gezeigt wurde, durchlaufen die Lebenskräfte alle sieben Körper des Menschen als reine Kraft und werden durch ihre Art des jeweiligen Körpers geformt, mental, emotional oder physisch, je nachdem, worin sie Gestalt annehmen. Das Leben selbst wird hier nicht für mehr als der Samen gehalten; wenn man es gebraucht, um die Maschinerie des mentalen Körpers anzutreiben, wird es Denken erzeugen, und wenn man es in der Maschinerie der

Fortpflanzungsorgane einsetzt, wird es Samen erzeugen. Es wird sich sozusagen zu jedem Teil unserer Natur bewegen, auf den wir unsere Aufmerksamkeit richten, und wenn wir uns nicht ausreichend in der Gedankenkontrolle geübt haben, um sicher zu sein, daß wir sie für eine gewisse Zeit von bestimmten Dingen fernhalten können, gehen wir ein großes Risiko ein, wenn wir die Kanäle unserer Natur öffnen für eine Kraft, die größer ist als für diese Natur normalerweise vorgesehen ist. Diese riskante Erweiterung der Empfänglichkeit wird durch bestimmte Formen des Atmens, der Meditation oder der Ritualmagie bewirkt, und das Risiko liegt in der Tatsache, daß wenn ein sinnlicher Gedanke zu einer Zeit in unser Bewußtsein eindringt, zu der die Kanäle offen sind und die Kräfte fließen, dann jene Kräfte sofort der Richtung der Aufmerksamkeit folgen werden, und das Ergebnis wird ein Ausbruch von Leidenschaft und Sinnlichkeit sein. Durch die Konzentration des Denkens werden diese Mächte bei ihrer Aufgabe gehalten, genau wie ein Auto von den Händen des Fahrers gesteuert wird. Wenn die Aufmerksamkeit abschweift, wird die Richtung der Kraft mit ihr abschweifen. Eine große okkulte Macht zu gebrauchen, ist wie das Steuern eines starken Autos bei hoher Geschwindigkeit, alles hängt von der Kontrolle ab; wenn man nicht wirklich die Nerven dafür hat, ist man zu Fuß sicherer. Viele Menschen experimentieren, mit der Invokation von Kräften, doch wenige sind sich ihrer Wirklichkeit bewußt, bevor sie aus ihren Tiefen hervorgekommen sind.

Ein richtig ausgebildeter Okkultist, der diese Tatsachen kennt, wird daher von bestimmten Aufgaben Abstand nehmen, wenn er nicht in der Lage ist, einen vollständigen Kreislauf für die kosmische Kraft herzustellen. Es wurde der Autorin einmal gesagt, daß »nur jene, die rechtmäßig verheiratet sind, die höheren Grade erreichen können«. Die wichtigste Arbeit kann nur von einem Paar geleistet werden, nicht von einem einzelnen Arbeiter, der mehr oder weniger instabil ist, denn nichts ist im Okkultismus weniger erwünscht als Instabilität. Für eine solche Aufgabe ist die engste sympathetische *Bindung* der höheren Natur nötig, und eine solche Intimität und Nähe wird von unserer Gesellschaft nur gebilligt, wenn sie durch die Ehe legalisiert ist. Eine Vereinigung auf der physischen Ebene muß nicht notwendigerweise stattfinden und wird tatsächlich auch nicht stattfinden, solange die Lebenskräfte auf anderen Ebenen gebraucht werden; doch solange die Arbeit ruht – und wenige haben die Ausdauer, sie ohne Unterbrechung und andauernd zu betreiben – werden die Kräfte die Tendenz haben, ihrem natürlichen Kanal zu folgen, und wenn dieser Kanal nicht geöffnet ist, können sich Schwierigkeiten ergeben. Darüber hinaus ist es, falls gewisse Operationen der praktischen Magie nicht völlig erfolgreich sind, von großem Vorteil, wenn man in der Lage ist, die ungebrauchten Kräfte durch die gewöhnlichen Kanäle der Natur auf der physischen Ebene laufen zu lassen. Es ist möglich, daß ein Mann und eine Frau ein Leben lang zusammenarbeiten, ohne je auf die physische

Ebene zurückzugreifen, doch nur hochentwickelte und disziplinierte Naturen sind zu einer solchen Enthaltsamkeit fähig, und Menschen, die eine Partnerschaft eingehen, die nicht, falls notwendig, auf die Basis einer legalen Ehe gestellt werden kann, sollten sich darüber klar werden, daß sie sich keine leichte Aufgabe gestellt haben.

Man könnte es für ungerecht halten, wenn irgend jemand in seinem spirituellen Fortschritt gehemmt ist, nur weil ihm die Umstände einen geeigneten Partner vorenthalten haben; dies ist jedoch nicht der Fall, wenn man es vom Standpunkt des Okkultisten aus betrachtet. Wenn ein Lernender weit genug fortgeschritten ist, um die auf den vorangegangenen Seiten beschriebenen Operationen auszuführen, dann wird er ein Eingeweihter der großen Mysterien sein und wird den Schwerpunkt seines Lebens von der Persönlichkeit zum Individuum verlagert haben; er wird einige Erinnerungen an vergangene Leben gewonnen haben, erkennen, daß sie Phasen seines Seins sind, und sein Begriff von »Ich« wird sich über Geburt und Tod hinaus erstrecken. Er wird wissen, daß die Umstände seines augenblicklichen Lebens durch die Gegebenheiten vergangener Leben bedingt sind, genauso wie die Umstände unseres Alters von den Handlungen unserer Jugend- und Erwachsenenzeit abhängen. Er wird sehen, daß sich eine Zukunft von vielen Leben vor ihm erstreckt, und er wird wissen, daß diese Zukunft unter seiner Kontrolle ist; daher hat er nicht das Gefühl, daß er irgendeine bestimmte Erfahrung probieren oder vorwegnehmen müßte, bevor ihn der Tod überkommt; manch ein Werk wird er vielleicht auf eine andere Inkarnation verschieben, wenn er sieht, daß die Bedingungen der augenblicklichen Inkarnation zu dessen Ausführung ungeeignet sind. Die Tatsache, daß er ein Bedürfnis nach Partnerschaft verspürt, bedeutet nicht notwendigerweise, daß er zu der großen kosmischen Partnerschaft bereit ist, die wir hier betrachten. Eine solche Vereinigung erfordert mehr als nur seine Entscheidung; doch sollte er an einen Punkt gelangen, bei dem er mit *gebündelter* kosmischer Kraft umgehen muß, wird er zu diesem Zweck eine kosmische Partnerschaft brauchen, die keine Partnerschaft aus persönlicher Liebe ist, sondern aus der Fähigkeit heraus, entlang derselben Kraftlinien zu wirken. Es gibt vielleicht zu Beginn der Verbindung keine Liebe; es kann sogar eine Verbindung zwischen einander völlig Fremden sein, obwohl aus der tiefen Harmonie, die zur Bildung eines Kreislaufs nötig ist, durchaus Liebe erwachsen kann.

Das kosmische Band ist eine Verbindung, die von zwei Individuen eingegangen wird mit dem Zweck, bestimmte okkulte Aufgaben zu vollbringen, die nur von zwei in der Polarität befindlichen Einheiten ausgeführt werden können, das hat mit Liebe oder Anziehung, wie sie normalerweise verstanden werden, überhaupt nichts zu tun. Es wird durch die Aufgabe und nichts anderes motiviert, es ist eine Partnerschaft, die angetreten wird, um der Arbeit willen, die es zu tun gilt. Die beiden Elemente dieser Verbindung suchen sich ihren Partner nicht aus, sie bieten sich dem Meister auf den inneren Ebenen an, dessen Schüler sie sind; und durch die Weisheit einer höheren Ebene werden sie im Hinblick auf ihre Qualitäten und Fähigkeiten für die Aufgabe entsprechend der Strahlenfarbe miteinander verbunden.

Der wesentliche Unterschied zwischen dem karmischen und dem kosmischen Band besteht in der Tatsache, daß das karmische Band auf der untersten Ebene beginnt und sich hochentwickelt, so wie Körper um Körper wirksam wird; dagegen beginnt das kosmische Band auf der höchsten Ebene und wirkt nach unten. Das karmische Band ist ein Teil des normalen Vorgangs der Evolution; das kosmische Band ist übernatürlich, indem es einer völlig anderen Ordnung von Gesetzmäßigkeiten angehört als derjenigen, die normalerweise die Menschheit beherrscht; es ist eines der großen Mysterien und als solches Eingeweihten vorbehalten, es wird auch nur deshalb hier erwähnt, weil so viele versuchen, ohne Einweihung dieses Mysterium zu erfahren – sie experimentieren mit großen Naturkräften in völliger Unkenntnis ihrer besonderen Art und den dadurch gegebenen Möglichkeiten, und darin liegt Gefahr.

19. Wie Seelen ihren Partner finden

ERSTER TEIL

Seelen können auf drei Arten zu einer Partnerschaft gelangen; erstens durch die normalen Anziehungskräfte der Sexualität; zweitens durch die Erneuerung karmischer Bande; und drittens entsprechend der höheren kosmischen Gesetze. Es ist nötig, jede dieser Arten von Anziehungskraft zu verstehen, wenn wir unser Leben richtig und harmonisch gestalten wollen, denn jeder von uns kann auf alle drei Arten zu einem anderen hingezogen sein; und wir dürfen nicht vergessen, daß wir, solange wir in irgendeiner Weise menschlich sind, die Fähigkeit zur Erwiderung auf die Reize der Sexualität haben werden, eine Fähigkeit, die durch die Anleitung der Vernunft gelenkt werden muß, damit sie sich nicht als gefährlicher und kurzsichtiger Führer erweist.

Unsere Bereitschaft zur Erwiderung auf die Reize der Sexualität ist auf den Anstieg und Abfall gewisser physiologischer Gezeiten innerhalb des Organismus zurückzuführen, und wir müssen immer bedenken, daß die Anziehungskraft, die eine bestimmte Person auf unsere Gefühle ausübt, einfach der Tatsache zuzuschreiben sein mag, daß wir in einem gefühlsbetonten Zustand sind; allgemein ausgedrückt heißt das, daß wir nach dem Erreichen der Pubertät von einer Person des anderen Geschlechts angezogen werden, wenn diese Person nicht Eigenschaften hat, die so abstoßend sind, daß sie die Faszination aufwiegen; Unterschiede in Alter und gesellschaftlichem Rang oder körperlicher Defekte neutralisieren die instinktive Anziehung, wenn diese nicht außergewöhnlich stark ist.

Falls es jedoch keinen direkten Hinderungsgrund gibt und die Verbindung stattfindet als Erwiderung auf einen physischen Reiz, der für ein Gefühl gehalten wird, dann wird der Erfolg der Partnerschaft von der Harmonie oder Disharmonie zwischen den beiden Charakteren abhängen, was die Erfahrung erweisen wird. Eine Verbindung, die ohne Überlegung eingegangen wird, ist für ihr Gelingen genauso vom Glück abhängig wie das Erscheinen von zwei Sechsen beim Würfeln – und genauso selten.

Derartige Verbindungen sind erstaunlich häufig, selbst bei jenen, die man als gebildet und aufgeklärt bezeichnen könnte. Junge Menschen, die den ungewohnten Druck der Gezeiten der Sexualität ständig in sich spüren, heiraten, sobald es ihre finanzielle Lage zuläßt und sogar vorher, um dem emotionellen Streß zu entkommen, dem sie ausgesetzt sind, und um ihre Gelüste mit ihren Idealen in Einklang zu bringen. Sie »rationalisieren« irrtümlicherweise ihre Gefühle und idealisieren deren Objekt in erstaunlicher Weise, mit dem Ergebnis, daß, während ihre physischen Bedürfnisse befriedigt und gestillt sind, sie sich plötzlich für ihr ganzes Leben an eine Person gebunden sehen, die nicht in der Lage ist, irgendein anderes Bedürfnis von Denken, Herz oder Seele zu befriedigen. Daraus folgt Unglück; von der Erfahrung belehrt, begreifen sie zu spät die Erfordernisse einer harmonischen Partnerschaft. Wir müssen uns nur umsehen, um festzustellen, wie oft eine zweite Ehe glücklich ist, doch da unglücklicherweise unsere Gesetze eine zweite Ehe verbieten, wenn nicht der Tod oder die Scheidung die erste beendet, leben viele Männer und Frauen in einer Verbindung, die ihren Zweck verfehlt hat, oder begeben sich in eine Beziehung, auf der das Gewicht der gesellschaftlichen Ablehnung so stark lastet, daß sie ihren Zweck ebenfalls selten erfüllt.

Doch obwohl bei uns die große Mehrheit in Erfüllung der einfachsten Naturgesetze heiratet, jener Gesetze, denen auch die Blumen auf den Feldern und die Tiere, die vergehen, unterworfen sind, die aber nichtsdestoweniger göttliche Gesetze sind und nicht verachtet werden dürfen, wollen wir uns vergegenwärtigen, daß Verbindungen höher entwickelter Menschen auch höheren Gesetzen unterliegen, deren Erfüllung Harmonie mit sich bringt.

Menschen, die esoterische Literatur gelesen haben und die wissen, daß es auch andere Verbindungen zwischen Seelen gibt als die der sexuellen Anziehung, könnten versucht sein, diese einfachen aber äußerst machtvollen Kräfte zu verachten und eine Verbindung abzulehnen, die sie für gewöhnlich halten, damit sie sich bewahren für einen karmischen Partner, an den sie in vergangenen Leben gebunden wurden, und dessen Ankunft sie erwarten. Hierin liegt eine der Gefahren der Enthüllung geheimer okkulter Lehren. Hätte ein solcher Mensch keinerlei Kenntnis von Okkultismus gehabt, hätte er vielleicht eine glückliche Verbindung im Sinne der Naturgesetze eingehen können; doch da er nun genug weiß, um die Führung durch die Instinkte seiner Natur abzulehnen, und zu wenig, um zwischen Phantasien, die sich aus unbewußten Wünschen erheben, und Eingebungen der Individualität zu unterscheiden, mag es geschehen, daß er das Niedrigere fortwirft, ohne das Höhere zu erlangen. Der geübte Okkultist weiß, wie er diesen Dingen entgegenwirken kann, der Suchende weiß es nicht. Die Methoden, wie man diesem Problem mental entgegenwirken kann, können hier nicht beschrieben werden. Dem Leser sei geraten, sich genau selbst zu prüfen, bevor er sein Glück und das einer anderen Person aufgrund einer unbewiesenen Eingebung riskiert, die vielleicht ungerechtfertigt ist.

Unter solchen Umständen sollte man seine Eingebung so vorsichtig wie überhaupt möglich überprüfen und ihr entgegenwirken. Zunächst sollte man sich genug Zeit lassen, um herauszufinden, ob das intuitive Gefühl, daß es eine Seele gibt, mit der man durch ein karmisches Band verbunden ist, mit den Monaten oder sogar Jahren abnimmt oder zunimmt. Als nächstes, wenn es einen bestimmten Menschen gibt, der auf einen wartet, sollte jedes verläßliche Medium in der Lage sein, die Sachlage zu erkennen und den Eindruck zu bestätigen. Medien sind jedoch auch nicht unfehlbarer als Ärzte, besonders solche Medien, die aus ihrer heiligen Fähigkeit ein Geschäft machen, und wer immer ihre Dienste in Anspruch nimmt, würde gut daran tun, mindestens drei zu befragen, um herauszufinden, ob ihre Aussagen übereinstimmen.

Darüber hinaus wird ein Astrologe, der mit den Daten für ein Horoskop versehen ist, fast das genaue Datum angeben können, zu dem die schicksalhafte Begegnung stattfinden wird. Wenn nicht die Angaben der Medien übereinstimmen und die Astrologen, nach unabhängiger Erstellung des Horoskops, das gleiche Datum bezeichnen, sollte der angehende Erforscher der unsichtbaren Welt vernünftigerweise die Eingebungen seiner Intuition als Zeichen dafür betrachten, daß die Phantasien seines Unbewußten ihm die Bedürfnisse seiner Natur aufzeigen, und er sollte warten, bis der Ruf zur Einweihung kommt – denn er wird kommen, wenn er reif dafür ist –, anstatt das Unsichtbare ohne einen Führer erforschen zu wollen und die Risiken einzugehen, die darin liegen.

Ein allgemein bekannter Autor, der über Liebe und Ehe schrieb und sich darüber lustig machte, daß es irgendein Band zwischen Männern und Frauen geben könnte, das über die instinktive Anziehung hinausgeht, betonte, daß es ein seltsamer Zufall sein müßte, wenn Seelenpartner in der gleichen Gegend geboren würden, oder, so groß die Welt sei, einander doch genau zur richtigen Zeit begegnen würden. Die esoterische Wissenschaft lehrt jedoch, daß es wirkliche Kräfte gibt, die daran arbeiten, diese Begegnungen herbeizuführen, ebenso wie es Kräfte gibt, die die Wege der Zugvögel und die Bahn der Kometen bestimmen. Es ist sicher allgemein bekannt, daß man das genaue Datum der Rückkehr eines Kometen durch astronomische Berechnungen voraussagen kann. Was die Begegnungen von »Seelenpartnern« angeht, sie werden vom Wirken jener Kraft festgelegt, die man gewöhnlich als Karma oder Schicksal bezeichnet, die Gesamtsumme von Dingen, die in der Vergangenheit begonnen haben und von denen die Gegebenheiten der Gegenwart bestimmt werden; auf die Einzelheiten dieser Gesetzmäßigkeiten kann auf diesen Seiten nicht eingegangen werden, es muß ausreichen, festzustellen, daß die Seelen nach dem Tode die Früchte der Erfahrungen ihres soeben beendeten Lebens in sich sammeln, und wenn die Zeit kommt, daß sie sich wieder inkarnieren sollen, werden sie durch das Wirken bestimmter Kräfte in die Inkarnation geschickt, wenn die planetarischen Verhältnisse die Gegebenheiten schaffen, um das der Seele bestimmte Schicksal zu ermöglichen. Daher kann ein Astrologe, der den genauen Zeitpunkt der Geburt kennt, mit Hilfe der Untersuchung des Horoskops erkennen, welches Karma im Laufe der Inkarnation erfüllt werden muß und auch, an welchen genauen Daten die wesentlichen Ereignisse stattfinden werden. Diese geheimen Gesetzmäßigkeiten bilden einen wesentlichen Teil der Forschungen der okkulten

Wissenschaft, und mit Hilfe der Kenntnis ihres Wirkens können Voraussagen von beträchtlicher Genauigkeit gemacht werden. Die Einzelheiten dieses Wirkens sind ebenfalls zu komplex, um hier betrachtet zu werden, es muß genügen, in bezug auf das Wesen des karmischen Bandes zwischen Seelen festzustellen, daß es sich verhalten wird wie die Gezeiten des Meeres, und nur die größten Adepten können seine Auswirkungen beeinflussen. Wir können die Folgen der Dinge, die wir in vergangenen Leben begonnen haben, nicht beeinflussen, obwohl wir unsere Reaktionen auf die Verhältnisse, die sie uns bringen, beeinflussen können. Erst in der Zukunft können wir die ganze Reichweite unseres Willens erreichen, denn in der ständig in Bewegung befindlichen Gegenwart setzen wir jene Dinge in Gang, die uns gegenübertreten werden, wenn ihr Lauf vollendet ist.

ZWEITER TEIL

In der Kenntnis der Gesetzmäßigkeiten von kosmischen Partnerschaften liegt unsere größte Hoffnung, Schwierigkeiten zu meistern, die durch Unwissenheit und falsche Lehren das »Problem der Ehe« herbeigeführt haben. In einem früheren Stadium der Evolution hat der Mensch naturnah gelebt, er wußte weniger von freiem Willen, Gedächtnis und Vernunft und wurde völlig von seinen Instinkten geleitet. Als jedoch der Lauf der Zeit die Entwicklung des höheren Verstandes mit sich brachte, wurde die Sache wesentlich komplizierter. Der Instinkt war ein guter Führer, wo es um die Partnersuche auf den unteren Ebenen allein ging, doch als die Individualität mit ihrer Beziehung zur Evolution und zum Kosmos als Ganzem zu wirken begann und die Partnerschaft zu ihrer vollen Entwicklung und ihrem vollen Ausdruck nötig wurde, war der Instinkt kein angemessener Führer mehr, denn es mußten Faktoren berücksichtigt werden, die über die Reichweite der tieferen Natur hinausgingen. Vernunft und spirituelle Eingebung müssen zur Leitung des höheren Selbst eingesetzt werden; wir müssen uns über Freud und Leid des Augenblicks oder sogar der Inkarnation erheben und unser Leben auf das Universelle und Ewige gründen, wenn das höhere Leben, das über Geburt und Tod hinausschaut, in seinem Zweck erfüllt werden soll.

Wir wollen uns den Fall eines Mannes vorstellen, der, während er in der Lage ist, normal auf den Ruf der Sexualität zu antworten und der, wie wir alle, an seine Vergangenheit gebunden ist, den Wunsch hat, an keines dieser Dinge gebunden zu sein, sondern einen Partner auf der höchsten Ebene zu finden, die die Evolution für das Wirken unserer Art geöffnet hat. Wie muß sein Vorgehen aussehen? Auf der physischen Ebene wird er völlig passiv bleiben, und jeden Kontakt, der ihm seine Partnerin bringen könnte, weder suchen noch meiden; auf der unteren Astralebene wird er seine Leidenschaften zügeln und versuchen, sie durch enthaltsames Leben und gedankliche Kontrolle so zu sublimieren, daß sie nicht zu eindringlich sind, denn nicht durch das Licht der Leidenschaften kann ein Partner nach den höheren Gesetzmäßigkeiten gefunden weden. Auf der Dritten Ebene der zärtlichen Gefühle sollte er die Liebe zu allen Dingen fließen lassen, so daß, auf welchem Weg auch immer die Partnerin kommen wird, ihr die Liebe begegnet und sie ein durch die Liebe geöffnetes Tor finden wird. Dann sollte er sein Bewußtsein zur höchsten Ebene erheben, auf der er wirken kann, indem er über die höchsten Ideale meditiert, die er kennt, und wenn sein Bewußtsein auf diese Stufe erhoben ist, sollte er die Eigenschaften der Partnerin überdenken, die seine Bedürfnisse befriedigen würde. Wenn er dies getan hat, bis in seinen Gedanken ein klares Bild entstanden ist, kann er sich als nächstes vorstellen, wie er sucht und ruft, indem er sich durch höchstes Beharren bei seinen Bemühungen hörbar macht, bis eine Seele, deren Natur sie auf jene Ebene gestellt hat, zu der er sich durch Meditation erhoben hat, seinen Ruf hören und ihm antworten wird.

Wenn eine solche Verbindung auf den höheren Ebenen entstanden ist, werden ihre Wirkungen im inneren Leben sichtbar, lange bevor irgendeine Begegnung auf der Ebene der Manifestation stattfindet; der Friede einer wahren Partnerschaft kommt über die Seele, obwohl in der Welt der Sinne noch kein Partner erschienen ist. Manchmal findet die Begegnung niemals auf der physischen Ebene statt, da die karmischen Bedingungen dies verbieten, doch die *Bindung* bleibt und kann entwickelt werden und alles erbringen, dessen die höhere Natur bedarf. Es mag sogar ein Partner gefunden werden, der die Phase der Evolution, während derer Inkarnationen stattfinden, schon hinter sich hat, und jene seltsame Partnerschaft zwischen dem Sichtbaren und dem Unsichtbaren kann entstehen. Durch solche Partnerschaften wird viel von der Arbeit der Meister geleistet. Diese Dinge können nur angedeutet werden; jene, die hoch genug entwickelt sind, um sie zu erfahren, sind auch ausreichend entwickelt, um die Führung zu erhalten, derer sie bedürfen. Aber es muß noch einmal davor gewarnt werden, irrtümlich die subjektive Phantasie für objektive Tatsache zu halten; unser sicherster Führer in diesen Dingen ist die Demut, die sich nicht irgendwelche großen Dinge ausmalt, sondern sich bemüht, in jeder möglichen Beziehung zu dienen, und die dankbar annimmt, was jeder Tag bringt. Die großen Erfahrungen kommen eher zu den Demütigen und Dankbaren, als zu jenen, die durch Neugierde und unverdiente Eitelkeit vorangetrieben werden. Menschen, die nicht auf einer einzigen Ebene des Seins erfolgreich mit dem Leben umgehen können, sind schlecht beraten, wenn sie ihre Schwierigkeiten vermehren, indem sie ihr Bewußtsein erweitern.

20. Die esoterische Lehre über die Ehe

Einer der Hauptgründe für Probleme in Ehen in der heutigen Zeit ist die Konvention, die uns davon abhält, den Dingen ins Auge zu sehen, mit denen wir es zu tun haben. Der esoterische Wissenschaftler, dessen Ziel es ist, die Ursachen hinter den Erscheinungen zu verstehen und zu kontrollieren, muß schon durch die Art seiner Forschungen den Dingen ins Auge sehen.

Man wird feststellen, daß auf den vorangehenden Seiten viel von der Partnerschaft der Seelen die Rede war, doch das Wort Ehe wurde selten verwendet, und zwar aus dem einfachen Grund, weil Partnerschaft und Ehe tatsächlich zwei verschiedene Dinge sind. »Partnerschaft« bedeutet das Wirken zweier Wesen in Polarität, und zwar so, daß sie während dieser Zeit zwei Hälften eines Ganzen bilden; die Ehe ist ein gesetzlicher Vertrag. Partnerschaft ist ein Faktum, man hat entweder einen Partner oder man hat keinen, so wie elektrisches Licht entweder ein- oder ausgeschaltet ist; doch die Ehe ist eine veränderliche Konvention. Wer würde behaupten, daß z. B eine englische Ehe, mit dem freien und ehrenvollen Status, den sie Frauen zugesteht, dasselbe ist wie eine türkische Ehe? Und doch entsprechen beide den Gesetzen ihrer Länder. Und ist eine englische Ehe heute dasselbe wie vor hundert oder auch nur fünfzig Jahren?

Die Ehe ist wesentlich mehr als nur eine einfache Partnerschaft, sie ist eine Partnerschaft im Geschäft des Lebens, und die Ehegesetze sind der Versuch der Gesellschaft zu regeln, wie die verschiedenen Mitglieder eines Haushalts miteinander umgehen sollen. Zuerst gibt es die Pflichten der Ehegatten untereinander; an zweiter Stelle stehen die Verpflichtungen, die sie gegenüber der Gesellschaft durch ihre Kinder eingehen, und diese Pflichten und Verpflichtungen müssen im Rahmen der Ehegesetze beachtet werden. Am besten sind jene Ehegesetze, die den Naturgesetzen am nächsten kommen. Unglücklicherweise ist das Eherecht z. B. in England fern jeder Annäherung an die für solche Einrichtungen mögliche Vollkommenheit, doch unter diesen Gesetzen müssen die Staatsbürger leben, und die Bedürfnisse der menschlichen Natur müssen einen Kompromiß mit den Erfordernissen des Staates schließen.

Der Esoteriker betrachtet die Ehegesetze und ihre Einhaltung oder Mißachtung vom Standpunkt des Karma aus; es ist sein Ziel, nur jene Kräfte in Bewegung zu bringen, die in harmonischem Verhältnis zum göttlichen Gesetz stehen. Wenn die Ehegesetze seines Landes vom Naturgesetz abweichen und er ihnen Folge leistet, wird er unter seiner Mißachtung des Naturgesetzes leiden, doch er wird keine Voraussetzungen für böse Folgen in der Zukunft schaffen. Wenn er andererseits die gesellschaftlichen Regeln mißachtet, wird er, selbst wenn er sein eigenes Wohlergehen steigert, anderen Leid bringen, und jenes Leid wird, den karmischen Gesetzen entsprechend, auf sein eigenes Haupt kommen und seinen Fortschritt verzögern. Sei das Eherecht eines Landes vernünftig oder nicht, wir können nicht verleugnen, daß die Eheschließung ein Vertrag ist, und daß einer, der sein Versprechen bricht, seine Ehe verliert.

Sollte jedoch eine der Vertragsparteien ihren Verpflichtungen nicht nachkommen, ist die andere Partei, entsprechend dem Vertragsrecht, von dem Vertrag entbunden; nur wenn es sich um einen Ehevertrag handelt, zwingt das Gesetz, unter dem Einfluß der Theologen, die ihres Rechtes beraubte Person, im Vertrag zu bleiben, und das steht im Widerspruch zur Gerechtigkeit. Der Esoteriker glaubt, daß die Nichterfüllung der ehelichen Verpflichtungen auf seiten eines Partners den anderen moralisch, wenn auch nicht juristisch, aus dem Vertrag entläßt, das bedeutet, er ist frei von seinen Verpflichtungen gegenüber seinem schuldigen Partner, doch nicht frei, unrechtmäßige Beziehungen zu einer dritten Person aufzunehmen, denn indem er das tut, erzeugt er großes Leid, weil er diese Person der Strenge der gesellschaftlichen Norm aussetzt, und man kann einer Seele furchtbares Unrecht zufügen, wenn man sie veranlaßt, sich zu inkarnieren, obwohl es unter den gegebenen Umständen kein wirkliches Heim für sie gibt. Menschen haben das Recht, ihr eigenes Leben zu opfern, doch nicht das von anderen; und da der Okkultist nicht glaubt, daß eine Seele weniger lebendig und personalisiert ist, nur weil sie im Augenblick nicht an einen physischen Körper gebunden ist, hat er eine noch strengere Einstellung zur Unkeuschheit als andere, doch er betrachtet sie nicht so sehr als eine Beleidigung der Person wie als eine Sünde gegen das Ungeborene. Wenn es eine wirklich sichere Methode der Empfängnisverhütung gäbe, läge die Sache anders, denn die zwei betroffenen Erwachsenen würden nur ihr eigenes Leben beeinflussen, doch die einzig wirklich sichere Methode der Empfängnisverhütung ist, keinen Geschlechtsverkehr zu haben, und diese Abstinenz schreiben die Gesetze des höheren Lebens jenen vor, die ihre Verbindung und deren mögliche Nachkommenschaft nicht legalisieren können.

21. Die esoterische Einstellung zum Kind

Die esoterische Wissenschaft betrachtet nicht jedes Kind, das in diese Welt geboren wird, als neu geschaffene Seele. Obwohl der kleine Körper neu gebildet worden ist, wurde das Leben, das ihn beseelt, schon vor Tausenden von Jahren individualisiert, und die Erfahrungen, durch die jenes Leben gegangen ist, bestimmen die Charakterzüge der neuen Person ebenso, wie die Verhältnisse, die in vergangenen Leben bestanden haben, die Bedingungen bestimmen, in die sie hineingeboren wird. Wenn die Eltern eine gute Umgebung für die Kinder schaffen, die sie zu bekommen hoffen, können sich Seelen eines höheren Typs durch sie reinkarnieren. Dies ist das Wesentlichste an der Vorstellung der Esoteriker von dem Verhältnis zwischen Eltern und Kind; die Eltern eröffnen einen Kanal, mit dessen Hilfe sich eine Seele reinkarnieren und so in ihrer Entwicklung fortschreiten kann, und diese Handlung wird den Eltern auf dem großen Konto des Schicksals gutgeschrieben.

Aus dieser Vorstellung ergibt sich eine Tatsache, die erwähnt werden muß, um die dahinterstehende Idee deutlich zu machen, obwohl es sich dabei nicht genau um das Gebiet der esoterischen Sexualität handelt. Da jeder von uns das Leben jener beeinflußt, mit denen er Kontakt hat und ihnen Gutes oder Böses bringt, sind wir alle Ausführende des Schicksals, das die aus vergangenen Leben sich ergebenden Schuldigkeiten bestimmt. Wenn wir anderen Gutes bringen, gewinnen wir dadurch – nach dem Gesetz von Ursache und Wirkung – Gutes für uns selbst, für das wir im nächsten Leben, wenn nicht schon in diesem, belohnt werden; und wenn wir Böses tun, wird uns ebenfalls in gleicher Münze zurückgezahlt. Man könnte einwenden, daß es das Schicksal eines jeden ist, das ihm Gutes oder Böses bringt, und daß daher der einzelne als Ausführender des Schicksals nicht für seine Handlungen verantwortlich ist. Die Antwort darauf lautet, daß, obwohl jeder die Bedingungen auf sich zieht, die er verdient hat, die guten Eigenschaften des einzelnen Menschen ihn vielleicht zum Gefäß des Guten machen, das er verdient hat, und nicht des Bösen. Wenn jemand eine größere Menge böser Voraussetzungen mit sich bringt, mag es seine Strafe sein, der Kanal zu sein, durch den Leid kommen muß, so daß er in dieser Weise Zinseszinsen in schlechtem Handeln zahlt. Es muß geschehen, daß Böses getan wird, doch wehe jenem, durch den es kommt.

Selbst die besten Eltern müssen vielleicht manchmal der Kanal für das Leid ihrer Kinder sein, sei es durch finanziellen Verlust oder durch unvermutet vererbte Krankheiten. Doch um solche Ereignisse von der richtigen Warte aus betrachten zu können, müssen Sie sie vom Standpunkt der Evolution aus sehen, nicht nur bezogen auf eine einzige Inkarnation, und ihre Kinder dazu erziehen, die bestmögliche Reaktion auf ihre Umgebung zu zeigen, so daß aus Bösem Gutes wird. Man sollte auch bedenken, daß Leid nicht notwendigerweise mit Bösem gleichzusetzen ist, und daß manch eine wertvolle Erfahrung nur durch Schmerz und Prüfungen gemacht werden kann.

Eltern sollten jedoch sorgfältig Abstand davon nehmen, Seelen bewußt in ein von Armut geschlagenes Heim einzulassen oder das Risiko einzugehen, daß Kinder von schwächlicher oder kränklicher Konstitution geboren werden, da sie hierdurch weiteres Böses für ihre Zukunft anhäufen. Hieraus ergibt sich die strittige Frage der Empfängnisverhütung, die später besprochen werden soll, nachdem eine Erklärung der Voraussetzungen für eine Inkarnation ein Verständnis dieses Themas vom esoterischen Standpunkt aus ermöglicht hat.

Wir wollen nun betrachten, was geschieht, wenn eine Seele, nachdem sie ihre Sünden im Purgatorium und ihre guten Taten in einem der üblichen Vorstellung von Himmel gleichzusetzenden Zustand überdacht hat, sich darauf vorbereitet, wieder zur Erde zurückzukehren, um weitere Erfahrungen zu machen. Durch die Wirkung bestimmter großer Gesetzmäßigkeiten, die zu kompliziert sind, um hier erklärt zu werden, gelangt die Seele zu der Zeit und dem Ort, wo die Bedingungen für eine Empfängnis bald unter solchen Umständen gegeben sein werden, daß ein darin geschaffener Körper in eine Umgebung kommen würde, die für das der inkarnierenden Seele zugedachte Schicksal angemessen wäre.

Es ist allgemein bekannt, daß, wenn das Spermium auf die übliche physische Weise in die Nähe des Eies gelangt ist, eine Befruchtung erfolgen kann oder auch nicht, und die Gesetzmäßigkeiten, die diese Möglichkeiten bestimmen, sind, abgesehen von physischen Hindernissen oder Schäden an Samen oder Ei, der exoterischen Wissenschaft unbekannt. Die esoterische Wissenschaft lehrt jedoch, daß, sollte es eine Seele geben, die unter solchen Umständen zur Inkarnation bereit wäre, sie in das so bereitgestellte Gefäß gleiten und sich mit der Materie verbinden würde. Sollte es jedoch keine solche Seele geben, oder sollten die astrologischen Bedingungen neun Monate später durch die dann herrschenden planetarischen Einflüsse für die Verhältnisse ihres Schicksals ungeeignet sein, wird die Gelegenheit zur Geburt zurückgewiesen, und da kein beseelendes Leben verfügbar ist, wird das Ei verfallen und auf dem üblichen natürlichen Weg ausgestoßen werden.

Wenn der Akt der geschlechtlichen Vereinigung stattfindet, strömen die höheren Kräfte der beiden beteiligten Wesen zusammen, und, wie im Falle zweier zusammenströmender Wasserläufe, es entsteht ein Wirbel oder Strudel; dieser Wirbel erstreckt sich so weit auf den Ebenen nach oben, wie die Partnerschaft der beiden Körper geht. Sollten sich also zwei Menschen, die einander idealisieren, und deren Liebe Elemente spiritueller

Natur in sich trägt, im Koitus begegnen, wird sich der so entstehende Wirbel bis zu einer der höheren Ebenen erstrecken. Wenn jedoch zwei Menschen, deren Begriff von Liebe auf die physische Lust beschränkt ist, einen solchen sogenannten »Wirbel des Eintritts« entstehen lassen, wird ihr Wirbel nicht höher als bis zur zweiten Ebene der tierischen Instinkte reichen. Seelen erwarten die Inkarnation auf der Ebene der inneren Welt, die ihrem Stadium des Bewußtseins entspricht, ebenso wie sie, direkt nachdem sie die Inkarnation verlassen haben, »sich auf ihren richtigen Platz denken«. Mit Hilfe des Wirbels des Eintritts ist es den Seelen möglich, durch die Ebenen nach unten zu gelangen, den Kontakt zu einem Molekül dichter Materie herzustellen und so auf der Ebene der Manifestation einen festen Halt zu finden, weil mit diesem belebten Molekül als Kern der Körper aus dichter Materie um sie her aufgebaut wird. Daraus folgt, daß je höher der Wirbel des Eintritts sich auf den Ebenen nach oben erstreckt, desto höher entwickelt ist die Seele, die so lange auf der oberen mentalen Ebene wartet, bis ihre Zeit gekommen ist, im Vergleich zu jener, die die ihr angemessenen Bedingungen auf der unteren Astralebene findet.

Wenn zwei Menschen eine Seele zur Inkarnation bringen wollen, die den Diensten entspricht, die sie ihr als Eltern leisten können, und die – wenn sie dieser Gabe zuteil geworden sind – darauf vorbereitet sind, selbstlos zur Seite zu stehen, so daß die Seele, wenn sie erwachsen ist, frei sein kann, um der Welt zu dienen, ohne durch die zu eng geknüpften Bande einer persönlichen Liebe eingeschränkt zu sein, dann sollten sie ihrer Vereinigung eine Meditation über die höchsten für sie denkbaren Ideale vorangehenlassen und diese Meditation während ihrer Vereinigung aufrechterhalten, ohne dem Denken zu erlauben, daß es zur Empfindung der körperlichen Gefühle unter Ausschluß jedes anderen Bewußtseins absinkt. Durch einen so geöffneten Wirbel können Seelen von sehr hoher Art in die Inkarnation gelangen, doch die Eltern müssen bedenken, daß die so empfangenen Seelen ihnen niemals »gehören«, wie Kinder einer persönlicheren Vereinigung in die Familie gehören, in die sie kommen. Schwäne bekommen häßliche Entlein, und je größer die Seele ist, die sich so inkarniert, desto größer werden die Ansprüche an jene sein, die sie ernähren. Unterschiedliche Niveaus, unterschiedliche Lebensweisen und sogar unterschiedliche gesundheitliche Voraussetzungen werden große Anforderungen an die Weisheit und Nachsicht jener stellen, die eine solche Aufgabe unternehmen. Zusammen mit dem Wissen, das diese ersten Schritte zum praktischen Okkultismus für die Allgemeinheit zugänglich macht, muß noch die Warnung ausgesprochen werden, daß ein solches Unternehmen keine leichte Last ist, und daß große Qualitäten an Denken und Charakter notwendig sind, um es erfolgreich zu vollenden. Sollte der Charakter noch unausgeglichen sein, so daß, selbst wenn er schon hohe Ideale anstreben kann, die tiefere Natur noch stark genug ist, um ihn von seinem Kurs abzulenken, dann wird die erforderliche Disziplin sich als hart und anstrengend erweisen, denn das Tiefere muß dem Höheren geopfert werden, die Eltern dem Kind, falls es einen Interessenkonflikt zwischen ihnen geben sollte. Wenn sich die Eltern jedoch als des in sie gesetzten Vertrauens würdig erwiesen haben, werden sie feststellen, daß der Pfad von den höheren Ebenen, durch den ihr Kind zu ihnen gekommen ist, für ihren eigenen Fortschritt offensteht.

22. Die esoterische Lehre über Empfängnisverhütung und Abtreibung

Der Esoteriker betrachtet das Leben als eine Kraft, deren Natur durch den Mechanismus bestimmt wird, in dem sie zu wirken beginnt, und er meint auch, daß jede Ebene in der kosmischen Ordnung eine eigene Aufgabe zu erfüllen hat. Das Leben, das auf der physischen Ebene mit Hilfe der Fortpflanzungsorgane wirkt, hat die Schöpfung von Gefäßen für Seelen zur Aufgabe, die zur Inkarnation bereitstehen, und sollte streng genommen nicht für andere Zwecke verwandt werden; sollte dies dennoch geschehen, ist das Verschwendung. Auf der anderen Seite werden ernsthafte Schwierigkeiten sowohl mentaler als auch physischer Art auftreten, wenn die Lebenskraft in einer größeren Menge zur Ersten Ebene zugelassen wurde, als sie zur Erhaltung des entsprechenden Körpers nötig ist und es nicht erlaubt ist, den Kreislauf zu schließen. In einem solchen Falle, wenn es unerwünscht ist, daß unter diesen Umständen Seelen zur Inkarnation zugelassen werden, ist es besser, zu empfängnisverhütenden Mitteln zu greifen, als sich zur Unterdrückung der Lebenskräfte zu entschließen, was womöglich ungünstige Auswirkungen sowohl auf die physische als auch auf die mentale Gesundheit hat. Doch den Gebrauch empfängnisverhütender Mittel sollte man nicht übertreiben, sondern sollte ihn eher als medizinische Maßnahme betrachten und nicht als ein Mittel zum Lustgewinn im Geschlechtsverkehr ohne die Notwendigkeit, die damit verbundenen Verpflichtungen auf sich zu nehmen. Jene, die in der Lage sind, Seelen, die zur Inkarnation bereitstehen, mit gesunden Körpern zu versehen und die davon selbstsüchtig Abstand nehmen, versündigen sich gegen das Leben, und ihre Vereinigung ist unheilig, obwohl ihr vielleicht Kirche und Staat beide ihren Segen gegeben haben. Keine Verbindung bekommt den kosmischen Segen, wenn sie nicht Frucht getragen hat, sei es eine Frucht des Körpers oder des Geistes.

Es gibt zwei Typen von falschen Vorstellungen zur Sexualhygiene, jenen, der häufigen Geschlechtsverkehr für absolut notwendig, und jenen, der ihn für absolut unnötig erklärt. Keine dieser Meinungen ist richtig. Das Leben muß in einem Kreislauf fließen, und zu diesem Zweck sind der positive und der negative Pol der Manifestation notwendig, doch der Ort der Vereinigung müssen nicht die Fortpflanzungsorgane, es kann auch der Geist oder die Seele sein. Wenn wir ein Buch lesen von jemandem, der einen höheren Intellekt hat als wir, kann uns das zu schöpferischer Aktivität anregen, weil sein Geist den unseren befruchtet hat; dies ist ein Moment der Polarität im kosmischen Sinne.

Es wird viele verblüffen zu erfahren, daß der angenehme Effekt des Geschlechtsverkehrs nicht aus den dabei auftretenden physischen Reaktionen entsteht, sondern aus den Strömungen, die in den ätherischen Doppelgängern oder Gegenstücken aus feinstofflicher Materie fließen, auf die die dichten physischen Körper gebaut sind, was durch die Verbindung der Auren miteinander bewirkt wird – jener Emanationen aus leuchtendem Nebel, die der mental Fortgeschrittene in der näheren Umgebung der menschlichen Gestalt erkennen kann. Man könnte fragen: Wenn das so ist, warum gehen wir diese Verbindung nicht mit jenen Menschen ein, die in Bus oder Zug neben uns sitzen? Es kommt daher, daß das Fehlen sympathetischer Erwiderung uns davon abhält, die Aura zu durchdringen; doch wenn es eine solche sympathetische Erwiderung gibt, vermischen sich die Auren miteinander, bis beide Körper von einer einzigen Aurahülle umgeben sind, und hierin liegt der Wert des Geschlechtsverkehrs – in der Nähe zueinander, nicht im Orgasmus; und in ähnlicher Weise liegt der Schaden der Selbstbefriedigung in der Abwesenheit eines solchen Austauschs von Lebenskraft.

Man kann die Lebenskräfte daran hindern, die physische Ebene zu erreichen, indem man auf einer der höheren Ebenen einen Kanal für sie errichtet und sie dazu bringt, durch ihn zu fließen, doch ist es unmöglich, alle Schleusen zu schließen und dabei unnötigen Druck zu verhindern. Die Lebenskräfte folgen immer der Richtung der Aufmerksamkeit. Wenn wir uns auf das Mentale konzentrieren, werden sie in den Geist fließen, und der physische Körper wird dabei ruhig bleiben; doch wenn unsere Gedanken bei den Fortpflanzungsorganen verweilen, werden die Lebenskräfte bald darin spürbar werden. Wenn wir es also nicht wünschen, daß die Lebenskräfte durch den Kanal dieser Organe fließen, können wir das wirkungsvoll verhindern, indem wir unsere Gedanken von diesem Aspekt unserer Natur fernhalten; es ist einfach eine Frage der gedanklichen Kontrolle, und wer noch keine gedankliche Kontrolle über sich hat, ist schlecht beraten, wenn er sich auf die Beschäftigung mit dem praktischen Okkultismus einläßt.

Die esoterische Haltung zur Empfängnisverhütung ist also so zusammenzufassen: Empfängnisverhütende Mittel sind besser als Nervenkrankheit, doch gedankliche Kontrolle und das Lenken der Lebenskräfte in Kanäle, in denen sie schöpferisch tätig sein können eher als in Kanäle, in denen sie verschwendet werden, ist die richtige Methode, das Problem anzugehen, und sollte das erklärte Ziel sein. Doch bevor dieses Ziel erreicht ist, sollten die unerwünschten Kräfte besser durch die natürlichen Kanäle geleitet werden, indem die Frau durch harmlose Methoden der Empfängnisverhütung vor unerwünschter Schwangerschaft bewahrt wird. Von zwei Übeln sollte man das geringere wählen: es ist besser, die Lebenskraft zu verschwenden, als sie sich zerstörerisch auswirken zu lassen.

Abtreibung ist Mord an einem Ungeborenen und ist nur zu rechtfertigen, wenn dadurch das Leben der Mutter gerettet werden kann. Man sollte bedenken, daß das Leben im Augenblick der Befruchtung in das Ei tritt, und auch wenn es winzig ist, ist es doch nicht weniger das Gefäß für eine lebendige Seele. Das Ich, das sich inkarniert, ist mit feinen Verbindungen an das Ei gebunden, dessen Befruchtung es bewirkt hat, und wird durch jede Verletzung seines physischen Gefäßes betroffen, wie unreif auch immer dieses Gefäß sein mag; allerdings ist die Verletzung noch schwerer, nachdem die ersten Bewegungen des Foetus stattgefunden haben, zu welchem Zeitpunkt das Ich sein Gefäß einnimmt, anstatt es wie vorher nur zu überschatten, ein esoterisches Faktum, das von unserem Grundgesetz bestätigt wird.

Ein Ich, das begonnen hat, sich zu inkarnieren, und das gewaltsam zurückgewiesen wird, bekommt einen schweren Schock und erfährt dadurch entsprechendes Leid, ganz zu schweigen von der hierbei verschwendeten Zeit, denn ins Leben kommen, ist nicht annähernd so einfach wie sterben. Wenn sich zwei Menschen mit dem Akt der Fortpflanzung befassen, begehen sie eine Handlung, die einem Ich Zutritt gewährt, falls es wünschen sollte, sich durch sie zu inkarnieren; falls ein Ich diese Gelegenheit nutzt, legen sie sich ein schweres Vergehen gegen diese Seele zur Last, wenn sie ihr Gefäß zerstören. Und wenn sie durch den ungerechtfertigten Gebrauch von empfängnisverhütenden Mitteln Seelen den Eintritt verwehren, erfüllen sie nicht ihre Pflicht gegenüber Gott, der das Leben gibt.

23. Wechselnde Sexualpartner und der unnatürliche Gebrauch der Sexualfunktionen

Wechselnder Geschlechtsverkehr wird von Okkultisten nicht als problemlos betrachtet, da ihm die Folgen auf den höheren Ebenen und die in der unsichtbaren Welt in Gang gesetzten Dinge bekannt sind.

Aus einer sexuellen Beziehung kann man nur dann wirklich gewinnen, wenn man alle sieben Körper des Menschen in Verbindung bringt, und das ist eine Aufgabe nicht nur für ein ganzes Leben, sondern für eine ganze Evolution. Die zärtlichen Empfindungen, intellektuellen Sympathien und spirituellen Ideale müssen alle einen Partner finden, und dieses Ziel kann nur in langen Jahren engster Gemeinsamkeit erreicht werden. Die flüchtige Verbindung kann nicht mehr als die Sinne betreffen und verhindert sogar das Zustandekommen einer tieferen Verbindung, da wir in jeder neuen Beziehung wieder von neuem beginnen müssen. Die höheren Ebenen erreichen wir nur durch Treue.

Jedesmal, wenn wir einer Seele so nahekommen wie beim Geschlechtsverkehr, entsteht ein karmisches Band, und noch für eine beträchtliche Zeit danach bleibt eine

Bindung bestehen. Daher ist es sinnvoll, daß wir uns genau überlegen, unter welchen Bedingungen wir eine *Bindung* eingehen, wenn wir eine solche Beziehung beginnen. Werden sich die psychischen Kräfte, die durch den von käuflicher Liebe geöffneten Kanal Eingang in unser arteigenes Bewußtsein finden, als wohltuend für eine Seele erweisen, wenn sie Zugang zu ihren hintersten Winkeln bekommen? Vielleicht würden solche Überlegungen, wenn sie allgemein bekannt wären, die Handlungen jener verhindern, die von der Tatsache unbeeinflußt sind, daß ihre Sinnlichkeit der Gesellschaft eine Kaste von Ausgestoßenen aufzwingt, denen alles vorenthalten wird, was das Leben lebenswert macht.

Was die unnatürlichen Formen der Sexualität betrifft, ist es nicht üblich, in Büchern darüber zu schreiben, die nicht für medizinische Zwecke gedacht sind, doch es ist notwendig, an dieser Stelle auf sie Bezug zu nehmen, da sie, zusammen mit dem Wissen von der bewußtseinsbeeinflussenden Wirkung bestimmter Drogen, zu den Werkzeugen des schwarzen Okkultismus gehören. Durch geheime Tücken in ein Netz gemeiner Ausschweifungen gelockt zu werden, ist wohl kaum das Ziel eines Studenten des Okkultismus, und wer die Initiation in eine okkulte Bruderschaft anstrebt, tut gut daran, sehr aufmerksam zu sein, denn nicht alle Bruderschaften dienen den höheren Interessen der Menschheit.

Der Weg der Initiation ist kein wissenschaftliches Geschäft, sondern eine Religion, und nur wer reinen Herzens ist, kann Gott erkennen. Jede Herabsetzung der

Moral ist ein Gefahrenzeichen, und der Neophyte sollte jeden Okkultisten meiden, dessen Leben nicht über alle Zweifel erhaben ist. Das himmlische Reich ist nicht zum Preis des Selbstrespekts eines Mannes oder einer Frau zu gewinnen, und wir können auch nicht hoffen, irgendeine Art von wertvoller Initiation zu erlangen, indem wir Böses entschuldigen. Wenn eine Loge nicht von ausreichend hohen Idealen erfüllt ist, um das Unsaubere fernzuhalten, sollte man sie meiden.

Ein Okkultist kann sich absichtlich dem Bösen verschreiben oder durch Unkenntnis der Kräfte, mit denen er umgeht, in die Hände des Bösen gelangen, in beiden Fällen ist er eine Gefahr für den Neophyten. Es gibt im Augenblick nicht viele Menschen in der westlichen esoterischen Tradition, die absichtlich böse sind, zumindest nicht in den englischen Logen, doch es gibt eine große Anzahl derjenigen, die erschreckend und auf unwürdige Weise wenig von dem verstehen, was sie lehren, und diese sind genauso gefährlich, wenn nicht noch gefährlicher, denn ein böser Mensch kann losgekauft oder verschreckt werden, doch es gibt kein wirksames Mittel gegen einen Narren, der den Boden unter den Füßen verloren hat.

Wo immer man mit Drogen oder Sexualität spielt, lauert Gefahr; der wahre Okkultist erlangt sein Wissen von den verborgenen Seiten der Dinge durch spirituelle Eingebung, die durch ernste Studien, Disziplin und reinen Lebenswandel erlangt wird.

Sexuelle Perversion, soweit sie den praktischen Okkultismus angeht, kann in zwei Typen untergliedert werden – die Stimulation der Geschlechtsorgane allein und die gegenseitige Stimulation durch zwei Menschen des gleichen Geschlechts.

Im ersten Falle wird dem Nervensystem ein Schaden zugefügt, da es einen Verlust von Energie ohne den gleichzeitigen Gewinn durch das Medium eines ätherischen Doppelgängers gibt, wie im vorangehenden Kapitel beschrieben. Darüber hinaus geht die so gewonnene Energie im freien Raum verloren und kehrt nicht zum Göttlichen zurück, wie es eigentlich sein sollte; und wenn, wie es fast immer der Fall ist, der Akt von Phantasien begleitet ist, werden auf den tieferen Ebenen der unsichtbaren Welt Gedankengestalten aufgebaut, und diese Gedankengestalten laufen Gefahr, von bösen Kräften beseelt zu werden und aus eigener Kraft aktiv zu werden, indem sie sich in der Umgebung des Ortes, an dem sie entstanden sind, herumtreiben und seine Atmosphäre und alle Menschen, die sie betreten, beeinflussen, indem sie sie dazu antreiben, ihre Sinnlichkeit zu leben. Diese Gedankengestalten sind die Inkubi und Succubi der mittelalterlichen Legenden.

Was die sexuelle Stimulation zwischen Menschen gleichen Geschlechts angeht, handelt es sich dabei um einen wohlbekannten Weg – zusammen mit einem Ritual –, eine okkulte Entwicklung zu fördern. Sie wurde in den Mysterien aller Völker und Zeitalter in der Phase ihres Verfalls praktiziert, wie die Berichte von Ethnologen und Historikern zeigen. Es werden zwei Ströme von

Kraft der gleichen Art hervorgerufen, die natürlich keinen Weg zurück finden, da die Gefäße beide von der gleichen Seite der Polarität stammen. Dadurch stehen diese Kräfte für magische Zwecke zur Verfügung; daraus folgt der extensive Gebrauch dessen, was man gewöhnlich als obszöne Praktiken bezeichnet, als einem der einfachsten Wege, Macht zu erlangen. Beim Gebrauch von Drogen zur Entwicklung von Klarsichtigkeit zeigt sich in etwa die gleiche Bedenkenlosigkeit. Man kann solche Dinge tun, doch sie haben ihren Preis, das heißt in diesem Falle, daß die so experimentierende Person sich ohne Rückhalt dem Bösen verschreibt. Strebt sie geteilte Treue an, wird sich daraus das ergeben, was die Psychologen als Konflikt bezeichnen, und ein mentaler Zusammenbruch wird folgen. Es ist mehr als tragisch, wenn Knaben im schwarzen Okkultismus ruchlos mißbraucht werden. Die Öffentlichkeit ist sich der Bedeutung gewisser Skandale nicht bewußt, die immer wieder ans Licht kommen, und daher nimmt sie sie nicht entsprechend ernst.

24. Abstinenz und Askese

Es gibt drei Gründe, aus denen Menschen auf Geschlechtsverkehr verzichten: erstens, weil sie sich nicht in einer Lage befinden, in der sie den damit auf sie zukommenden Verpflichtungen gewachsen sind; zweitens, weil Sexualität ihnen zuwider ist; und drittens, weil sie glauben, daß in der Askese der Weg zur Spiritualität liegt.

In bezug auf den ersten Punkt liegt die Entscheidung beim Gewissen jedes einzelnen; wir machen einen großen Schritt nach vorn, wenn wir lieber uns selbst opfern, als jemand anderen zu verletzen, selbst wenn wir durch falsche Einschätzung dazu gelangen. Was den zweiten Fall betrifft, handelt es sich dabei um einen Fall für den Arzt, denn kein gesundes menschliches Wesen ist so veranlagt; ein solcher Widerwille ist kein Zeichen von Spiritualität, sondern von Morbidität. Ein gesunder Geist ist die einzige feste Grundlage für spirituelle Entwicklung; es sind morbide Geister, die uns, wenn ihnen spirituelle Ambitionen eingepflanzt werden, heilige Inquisitionen und Liebeshäuser bringen.

Was den dritten Grund betrifft, ist es notwendig, ihn

genauer zu besprechen, denn körperliche Enthaltsamkeit ist von Theologen immer schon als ein *sine qua non* der spirituellen Entwicklungsmöglichkeit betrachtet worden. Es ist ein seltsamer Gedanke, daß wir Gott gefallen können, indem wir Sein Werk verdammen, denn wenn er die Sexualität ablehnt, warum schuf er sie dann? Die frühen Kirchenväter reagierten auf die Ausschweifungen eines degenerierten Heidentums, von dem sie umgeben waren, und stellten dem einen Extrem das andere entgegen. Entsetzt über die Ehegebräuche flohen sie in die Askese. Wenige Menschen haben genügend Größe, um die Zivilisation zu überwinden, in die sie geboren werden, und viele Lehren sind eher auf die Bräuche einer bestimmten Zeit als auf universelle Prinzipien gegründet und sterben so mit den Menschen aus, für deren Bedürfnisse sie gedacht waren. Die Beziehungen zwischen den Geschlechtern sind heute, selbst in ihrem irdischsten Aspekt, völlig anders als sie es während jener Jahrhunderte waren, in denen die Kirche ihre Traditionen aufbaute. Es war nicht jener Aspekt der Sexualität, jene humanisierte Form der Liebe zwischen Mann und Frau, in der körperliche Leidenschaft nur einen Teil ausmacht, was den Bann der Kirchenväter verdiente, sondern die Bevorzugung des Tierischen, das höher bewertet wurde als der Mensch.

Der Okkultist betrachtet die Lehre von den Sieben Ebenen als die Lösung des Problems. Für ihn hat jede Ebene ihren Platz und ihre Funktion, die Zweite nicht weniger als die Siebte. Ohne die entsprechende Entwicklung eines jeden Aspekts seiner siebenfältigen Natur kann ein Mensch nicht zur Vollendung gelangen; und das Böse führt zu Mißverhältnissen und Fehlstellungen. Es darf keine Lücke in der Kontinuität der spirituellen Entwicklung geben; ein gesunder physischer Körper und ein gesunder Körper der Lust muß die Basis für einen gesunden Geist sein, sonst kann es keinen klaren spirituellen Blick geben. Die Initiation öffnet die Bereiche Ebene für Ebene und läßt keine aus, und wenn ein Mensch nicht die Fähigkeiten, die auf jeder Ebene wirken, in sich entwickelt hat, wird er seine volle Kraft nicht erreichen und nicht in der Lage sein, den ganzen Akkord zum Klingen zu bringen.

Der Esoteriker ist insofern anderer Ansicht als der Theologe, als er sagt, es müsse eine volle Entwicklung eines jeden Aspekts der menschlichen Natur stattfinden, so daß sie zu allen menschlichen Funktionen fähig ist, doch er stimmt mit dem Theologen darin überein, als er sagt, daß es in gewissen Aspekten des höheren Lebens kein Wirken der Sexualität gibt. Er betreibt jedoch auch keine Übungen dieser Funktionen, nicht weil er sie für böse hält, sondern weil er die Energie für andere Zwecke braucht, die dadurch verlorengehen würde.

Der Grundton der esoterischen Askese ist die Konzentration von Energie, nicht das Meiden des Bösen; der Esoteriker hält nichts für böse, was Gott geschaffen hat, sondern glaubt, daß es richtig ist zu seiner Zeit und an seinem Ort, und auch für ihn richtig ist in einer bestimmten Phase seiner Entwicklung, wie hoch seine Ziele auch sein mögen. Er glaubt, daß ein Mensch voll und in Ehren menschlich sein muß, bevor er darauf hoffen kann, übermenschlich zu werden. Seine Askese besteht darin, daß er die Lebensenergien zu jenen Ebenen lenkt, auf denen er sie braucht und sie von jenen fernhält, auf denen er sie im Augenblick nicht braucht, nicht weil ihr dortiger Gebrauch böse, sondern weil er verschwenderisch wäre. Zu diesem Zweck benötigt er vollendete Selbstkontrolle, eine so völlige Kontrolle, daß er seine Lüste nicht unterdrücken muß, sondern daß er keine Lüste verspürt. Bevor er diese Meisterschaft nicht erreicht hat, kann er die Kräfte der inneren Ebenen nicht kontrollieren, die, wenn sie zu früh zu seiner Verfügung stünden, ihn verdrehen und auseinanderreißen würden. Daher die Verborgenheit, die diese Kräfte begleitet, denn auf der Ebene des Geistes ist ein Gedanke ein Ding und eine Stimmung ein Ort.

25. Zusammenfassung

Für den Esoteriker ist Sexualität in ihrer siebenfältigen Form von wesentlich höherer Bedeutung als für die allgemeine Menschheit, für die sie eher eine Versuchung als eine Quelle der Energie darstellt. Er sieht die Lebenskraft auf jeder Ebene des Daseins in der Polarität wirken und betrachtet sie auf den unteren Ebenen nicht als weniger heilig als auf den oberen. Er nähert sich ihr mit einer Furchtlosigkeit und sogar Vertrautheit, die bei seinen Mitmenschen selten zu beobachten ist, doch er kontrolliert sie mit einer Strenge, die sogar noch seltener ist.

Es war mein Ziel, dem Leser auf diesen Seiten zu zeigen, daß die höheren Aspekte der sexuellen Natur wichtig sind für die Entwicklung des vollendeten Menschen, und ihn vor den Gefahren zu warnen, von denen der unerfahrene Umgang mit unsichtbaren Kräften begleitet sein kann.

Ein allgemeines Interesse an okkulter Wissenschaft ist dem großen Umsturz gefolgt, den wir vor einiger Zeit erlebt haben. Viele mögen diese Studien nur auf der

Suche nach einem neuen Gefühl betreiben, doch mehr Menschen sind auf der Suche nach einer spirituellen Orientierung; sie hoffen, einen Felsen in den ruhelosen Wassern der Erscheinungen und Meinungen zu finden; ihre höhere Natur braucht Nahrung, die sie in der Welt der Menschen und Dinge nicht findet; sie suchen, wissen aber nicht, wonach sie suchen.

Diesen möchte ich sagen: Während aller Zeitalter haben Menschen gesucht, und manche haben gefunden; es gibt eine Tür, durch die wir auf die höheren Ebenen gelangen, doch diese Tür ist im Innern der Seele, sie besteht in einer Erweiterung des Bewußtseins, durch die wir Dinge erkennen können, für die wir bisher blind waren, und von einer solchen Wahrnehmung kommt der Sinn für die Wirklichkeit, der uns fehlt, wenn wir nur Erscheinungen sehen. Wer auch immer diesen weiteren Blick erlangt, ist frei von den Begrenzungen durch seine fünf physischen Sinne; seine Erinnerung geht über die Geburt hinaus zurück, und seine Hoffnungen reichen über den Tod hinaus; er kann Ursachen erkennen und hat daher die Gabe der Vorausschau, und da er wahrnimmt, kann er oft nachprüfen. Wenn alle Aspekte seiner Natur harmonisch entwickelt sind, ist er eins mit allen Aspekten des Universums, nichts ist ihm fremd, und keine Form des Daseins erscheint ihm feindlich. Der Pfad des Lebens steht ihm offen, und er betritt ihn mit Freude. Ich, die ich dies schreibe, habe diese Dinge erfahren.

GOLDMANN VERLAG

Esoterik

11751

11752

11753

11754

11755

11756

11717

11748

11740

GOLDMANN

Erhard F. Freitag

Der Weg
zum positiven Denken

Über eine halbe Million
begeisterte Leser.

Erhard F. Freitag
Hilfe aus dem
Unbewußten
11774

Erhard F. Freitag
Erkenne Deine
geistige Kraft
11812

Erhard F. Freitag
Kraftzentrale
Unterbewußtsein
117400